写真で見る ヒトラー政権下の人びとと日常

原書房

マシュー・セリグマン＋ジョン・ダヴィソン＋ジョン・マクドナルド
Dr.Matthew Seligmann　Dr.John Davison　John McDonald
松尾恭子訳

写真で見る

ヒトラー政権下の人びとと日常

目次

はじめに

ナチス・ドイツの誕生

ナチス・ドイツの誕生は、果たして歴史の必然だったのだろうか。一九二〇年代、ナチスは選挙において敗北の連続だった。しかし、ドイツの経済および政治情勢はやがてナチスを権力の座へと押し上げていった。

アドルフ・ヒトラーとナチス（国家社会主義ドイツ労働者党・ＮＳＤＡＰ）はなぜ権力の座に就いたのだろうか。一九二〇年代のドイツでは、ナチスが政権を握ることになるなど誰も考えてはいなかった。主張が急進的なナチスは、広く一般には受け入れられることのない非主流の小さな

ナチス指導者アドルフ・ヒトラー（中央）と反ユダヤ主義者ユリウス・シュトライヒャー（右隣）。1923年1月、ニュルンベルク党大会

右派政党に過ぎなかった。党首ヒトラーも芸術家きどりのぱっとしない男だった。ちなみにオーストリア生まれのヒトラーは、かつてウィーンの美術大学を志したが受験に失敗している。一九二三年一一月にはいわゆるビヤホール一揆で政権奪取を試みるが、失敗して逮捕され、有罪判決を受けた。一九二四年五月の選挙における得票率は六・六パーセントだった。同年一二月の選挙は三パーセント。一九二八年五月の選挙ではわずか二・六パーセントである。議席数で見ると、一九二四年五月の選挙で獲得したのは四七二議席のうちわずか三二議席。そしてこの数も、続く選挙で一四議席になり、一九二八年五月には一二議席にまで減少した。しかしこの弱小政党が、一九三三年一月に政権を獲得し、ヒトラーはドイツ国首相へと上り詰めるのである。それはいったいなぜなのだろうか。

首相就任後、フランツ・フォン・パーペン（前列右端）と話をするヒトラー（中央）。ヒトラーの右隣に座っているのはヘルマン・ゲーリング。1933年1月30日

一九二九年一〇月、ウォール街大暴落が起こり、その影響はドイツにも及んだ。経済状況は日々悪化して何百万人もの失業者が生まれ、国民の暮らしは困窮していった。そのような中、政権与党への支持が急落した。有効な手だてを打つことのできない政府に国民が不満を抱いたのである。その一方、事態解決のために急進的な政策を掲げる政党への支持が広がり始めた。その政党のひとつがナチスだった。ナチスは一九二八年の選挙では獲得票数が八一万票だったが、一九三〇年の選挙では実に六四〇万票を獲得し、大躍進を果たした。議席数は一〇七議席になり、一九三二年七月の選挙では二三〇議席にまで伸びた。このとき一三七〇万人の国民がナチスに票を投じている。

ウォール街大暴落から広がった経済不況が、ドイツ政界に劇的な変化をもたらしたのである。しかしナチスは選挙で勝利を収めたが、政権を取ることはできなかった。二三〇議席を獲得したといっても絶対多数を得たわけではなかったからで、得票率で見れば三七・三パーセントにとどまっている。またこの時期経済は最悪の状況から脱しつつあり、選挙戦における風向きも変化して、一九三二年一一月の選挙では二〇〇万票を失い、議席数も一九六議席にまで減少した。この結果を受け、当時の評論家の多くは、再びナチスが議席数を伸ばすことはないだろうと考えた。ナチスの人気は一時的なものに過ぎなかったという意見が多数だった。

ところがここで、ヒトラーを首相に担ぎ上げようという動きが、右派勢力の中から起こった。その政治工作の中心にいた人物はフランツ・フォン・パーペンである。パーペンは第一次世界大戦時、アメリカ大使館付き武官としてワシントンDCで諜報活動を繰り広げた人物で、ドイツに戻ると政治家になり、一九三二年にドイツ国首相に就任する。しかしこれ

【左】ウォール街大暴落でニューヨーク株式取引所の前に集まる人びと。ドイツでは、アメリカ人投資家の資金引き揚げが始まり、その額は1929年だけで150億マルクに達した。その結果企業が次々と倒産し、失業者が街にあふれた

NEW YORK STOCK EXCH

ナチスの党防衛組織、突撃隊（SA）の隊員。1933年時点の隊員数は200万人。左派政党との街頭闘争も行い、選挙戦でも大きな役割を果たした

といった成果も上げないまま、たちまち失脚してしまう。そこでパーペンはヒトラーを首相に据え、実権は自分が握って政治を操ろうと目論んだのである。パーペンはパウル・フォン・ヒンデンブルク老大統領に対し、ヒトラーを首相に指名するよう求めた。しかし事は簡単には進まなかった。ヒンデンブルク大統領はヒトラーを「ボヘミアの伍長」と呼んで蔑み、パーペンの提案を拒んだ。しかしパーペンはナチスの一九六議席を利用すれば右派が絶対多数となり、議会を牛耳ることができるとし、ナチスを味方につける必要性を訴えた。そしてナチスが政権に加わるといってもナチスの勝手にはさせないこと、他の右派政党によって政権を主導することを約束した。パーペンの説得にヒンデンブルク大統領もついに折れた。そして一九三三年一月、ヒト

ヴィルヘルム・フリック。1924年5月、国会議員選挙に出馬し初当選。1943年までヒトラー内閣内務相を務める。第二次世界大戦後のニュルンベルク裁判において死刑判決を受け、1946年絞首刑に処せられた

ラーが右派政権の首相に指名され、ヒトラー内閣が誕生したのである。

新しい連立内閣にナチスから入閣したのは、ヴィルヘルム・フリックとヘルマン・ゲーリングのふたりだけだった。しかしナチスは、パーペンの思惑に反し、たちまちパーペンらの手に負えない存在となった。その大きな理由は、フリックがヒトラー内閣内務相に、ゲーリングが最大州プロイセンの内務相に就任し、警察権を握ったためである。ナチスはその警察権を利用し、政敵を次々に追放して議会の主導権を掌握した。なお、政敵の追放には党の防衛組織である突撃隊（SA）も重要な役割を果たしている。続いて、いまやナチスに追従する存在となった議会で、政権に立法権を委譲する全権委任法を可決させた。そして政権に就いてから半年後の一九三三年七月、ナチス以外の政党を解散に追いこみ、ナチスの一党独裁体制を確立する。かくして、ナチス・ドイツの時代が始まったのである。

第一章

警察国家

「民族共同体」の建設を夢見るナチスは、法と警察権を利用し、夢の実現の妨げとなる者たちを弾圧し始めた。警察国家の出現である。警察国家においては、国家による横暴な逮捕と無情な処罰に国民はただ従うしかない。

ファシズムとは、人間の顔を何度も何度も靴で踏みつけるものである。ジョージ・オーウェルはファシズムのことをこう表現した。思わずぞっとするような表現だが、ナチス・ドイツというのは、そのようなありさまの国だったのではないだろうか。

一九三三年一月にナチスが政権に就いてからの数ヵ月間、警察や突撃隊の活動は極めて暴力的だった。小説家ゲオルク・グレイザーは当時のようすをこんな風に回想している。「ときどき周辺の森で、人の死体が見つかるようになった。しかし、その死んでいる人について、あえて知ろうとする人はいなかった。人が、ある日ふっと姿を消すようになった。でもその人の友人たちは、その人がどこへ行ってしまったのか、尋ねる勇気を持たなかった。ごくまれに、騒ぎ立てたり、恐ろしい噂《うわさ》を口にしたりする人がいた。しかしそれに対して人びとは、毎日の交通事故に対するほどの関心さえ寄せようとはしなかった」

　ナチスの攻撃によって国会議員八〇人が命を落とし、一六〇人が議会から追放された。前首相のヨーゼフ・ヴィルトとハインリヒ・ブリューニングは亡命し、シュライヒャー将軍は要職にとどまるものの後に殺害された。一九三三年二月、国会議事堂放火事件が起こると、国民の自由を制限する法律が制定された。そのひとつが、二月二八日に公布された「民族と国家防衛のための緊急令」である。この法律は、ヴァイマル憲法が保障していた集会や言論の自由といった権利を国民から剥奪《はくだつ》した。国家による手紙の検閲や電話の盗聴、あるいは令状なしの家宅捜索や逮捕も可能になった。この緊急令のもと、警察や突撃隊は、共産主義者や社会主義者、キリスト教徒、エホバの証人の信者といったナチスが敵と見なす者た

放火事件後の国会議事堂。事件を受けて「民族と国家防衛のための緊急令」が公布され、ナチス政権の権限が強化された。1933年2月27日

ちを次々に逮捕していった。

■警察国家の出現

ナチスは緊急令の後、さらなる法律の制定によって警察権を強化し、国民を監視する体制を整えていった。ドイツ社会は、作家マイケル・バーリーが言うように「自由な性格を著しく失った社会」へと姿を変え、ナチスによる監視は国民にとって恐怖となった。そして監視の目は年を追うごとに厳しくなり、国民の自由はますます失われていくことになる。ナチス・ドイツはなぜそのような社会へと向かうことになったのだろうか。

ユダヤ人男性と関係を持つ女性が首にカードを掛け、さらし者にされている。周りは突撃隊隊員ら。ナチスが政権に就くとユダヤ人迫害が始まった。クックスハーフェン

■法律の制定

ヒトラーには実現すべき目標があった。それは、ドイツ民族の純血を守り、国家社会主義のもとに国家調整を行い、民族共同体《フォルクスゲマインシャフト》を建設することである。ドイツ民族による民族共同体は、ヒトラーにとって完璧な社会でありユートピアだった。目標を実現させるためには、民族共同体にふさわしくな

い者を取り締まる必要があった。その取り締まりを思いどおりに行うためには、既存の法律は不都合だった。そこでヒトラーは都合の悪い法律を廃止した。そして新たな法律を制定していった。また、過去に行った違法行為を合法化する法律も制定した。例えばヒトラーは、一九三四年六月三〇日の長いナイフの夜事件で突撃隊幹部および政敵を不当に処刑したが、七月三日にこの処刑を合法化している。

新たな法律の制定の結果、一九三九年までの間に、死刑に処せられる罪は三つから四〇以上に増えた。子供の誘拐などヒトラーがとくに嫌悪していた犯罪はまっさきに死罪とされている。またアウトバーンでの道路封鎖による強盗行為も死罪となった。そして死罪の増加とともに、実際に死刑が執行される件数も増えていった。一九一九年

訓練中の親衛隊。親衛隊は 1925 年ヒトラーの護衛部隊として結成された。隊員数は 1933 年時点で 5 万 2000 人。民族的および思想的「エリート集団」だった

から一九三二年までのヴァイマル共和政期には一一四一名が死刑判決を受け、そのうち一八四名に対して刑が執行されている。一方ナチス・ドイツ期は、一九三九年までの間で見ると、死刑を宣告された者のうち八〇パーセント以上が処刑されている。民族共同体では個人の権利よりも共同体全体の利益が優先される。また、ナチスが「劣等民族」と見なすユダヤ人やジプシー（ロマ人）、また反社会分子や同性愛者、働かない者、身体障害者、精神障害者などはとくに厳しい取り締まりを受けた。

またナチスは、将来にわたって民族共同体に害を及ぼすと判断された囚人については、刑期終了後再び投獄することがで

水晶の夜事件で燃やされたシナゴーグ（ユダヤ教会堂）。多くのシナゴーグが放火や破壊に遭い、およそ 7500 のユダヤ系商店が襲撃を受け、91 人のユダヤ人が殺害された。1938 年

"Immer vornehm!" Flottenmeuterer
"Bernh. Kuhnt fährt an seiner neuen
Arbeitsstätte (Dreckwaschen) vor.

突撃隊と親衛隊の隊員に連行される共産主義者。ユダヤ人だけでなく、共産主義者も迫害の対象だった。ケムニッツ

きるよう、一九三三年に「危険な常習犯」に関する法律を制定した。ゲシュタポ（プロイセン州秘密警察）のハインリヒ・ミュラー長官が作成した、一九三七年八月五日付の回状には次のように記されている。

エホバの証人の保護拘禁について

エホバの証人の信者については、釈放を行わず、刑期終了後ただちに強制収容所へ移送すること。刑期終了後ただちに強制収容所へ移送することが不可能な場合は牢に留め置くこと。

言論の取り締まりも行われ、ちょっとした噂話や出まかせのひと言もその対象となった。例えば、デュッセルドルフのある港湾労働者は、酔いにまかせて「ヒトラーはくそ野郎だ」と言ったところ、一八ヵ月間牢に入るはめになってしまった。

ナチスの幹部たち。右から、突撃隊司令官エルンスト・レーム、親衛隊全国指導者ハインリヒ・ヒムラー、後の秩序警察長官クルト・ダリューゲ

■親衛隊

黒色の制服で知られる親衛隊（ＳＳ）は、ナチス警察国家の象徴ともいえる存在である。ヒトラーの護衛部隊として、一九二五年に突撃隊から独立して結成された親衛隊は、当初は小さな組織で、一九二九年の時点で隊員数は二八〇人ほどだった。しかし同年ハインリヒ・ヒムラーが全国指導者となってから勢力を拡大し、ヒトラーが首相に就任した一九三三年には五万二〇〇〇人になり、さらに第二次世界大戦が始まる一九三九年には二五万人にまで増加した。親衛隊は血統を認められた者のみで構成される「エリート集団」だった。血統は一八世紀まで遡って調べられた。とくにユダヤ系の先祖の有無が厳しく問われ、また隊員の結婚相手も純粋なドイツ民族であることが求められた。親衛隊では思想教育や民族教育も熱心に行われ、一九三九年にヒムラーがドイツ民族性強化国家委員に就任するとさらに力が注がれた。そうして教化された親衛隊は後の「最終的解決」（ユダヤ人を根絶すること。第九章参照）といった東ヨーロッパにおける民族政策で中心的な役割を果たすことになる。

親衛隊には保安部（ＳＤ）と呼ばれる諜報組織も存在した。保安部には高学歴の者が選ばれた。一九三二年、ラインハルト・ハイドリヒがその長官に就任し、一九三四年には党の各諜報組織を吸収して国内外で活動するようになった。

■警察

ドイツ警察は、ナチス政権が誕生すると、ナチスの「法と秩序」のもとに職務を行うことになったわけだが、警察内部に目立った動きは起きていない。一九三四年にヒトラーが受けた報告書によると、政権発足後、プロイセン州の普通警察幹部の九八パーセント、巡査の九〇パーセント以上が職にとどまっている。政治警察のひとつである刑事警察（クリポ）の捜査官の数もほとんど変化せず、各州合わせて一万一五〇〇人以上の捜査官がほぼそのまま残っている。一九三三年から

ゲシュタポ（中央の男性）が、カフェの前で市民の身分証を確認している。1938 年はじめ、ベルリン

一九三五年の間は若干減少しているが、それは捜査官が専門能力を買われてゲシュタポに移動したからである。警察官のほとんどが職にとどまったということは、彼らがナチスの「法と秩序」を受け入れ、それに従ったということなのだろう。

警察権力を握ったのは、親衛隊長官ハインリヒ・ヒムラーである。ヒムラーは、まず一九三三年にバイエルン州警察長官に就任し、一九三四年にゲシュタポの長官代理、そして一九三六年六月に全ドイツ警察長官となり、各州の州政府に委ねられていた警察権を掌握した。その後ヒムラーは警察組織を親衛隊に組み入れ、さらに一九三九年には国家保安本部（ＲＳＨＡ）を創設し、親衛隊保安部とゲシュタポ、刑事警察をその下にまとめた。

親衛隊と警察の任務には、国民に感謝を受けるようなごく一般的な任務ももちろんあった。しかし

グレゴール・シュトラッサー。ナチス左派を代表する人物。1934年6月、長いナイフの夜事件で殺害された

黒服姿の親衛隊。親衛隊は総統アドルフ・ヒトラーに忠誠を誓った

その一方で国民に恐怖を与えるような任務も存在した。そうした任務にあたったのは主に親衛隊だった。彼らはヒトラーの望みならばいかなる任務もいとわなかった。それは入隊の際、次のような誓いを立てていたからである。

我々は、ドイツ帝国総統アドルフ・ヒトラーに忠誠と勇気を誓う。我々は総統と総統に任じられた上官に死の時まで従うことを誓う。神よ我らを守りたまえ。

この誓いのもと、たとえ非道な任務であっても忠実に遂行したのである。

■強制収容所

親衛隊が担った任務のひとつは、強制収容所の管理である。一九三三年三月、ナチスはダッハウ郊外に第一号となる強制収容所を開設した。ここに最初に収容されたのは、共産主義者や社会主義者などナチスの政敵だった。警察の記録によると、一九三三年の三月と四月にプロイセン州で行われた取り締まりで、共産主義者らおよそ二万五〇〇〇人が警察に逮捕された。これに、親衛隊や突撃隊によって逮捕された者も加わり、全体の逮捕者のうち二万六七八九人が、七月三一日までに保護拘禁された。そしてこの時期に逮捕・保護拘禁された者が多数収容所に送られた。一九三五年五月時点で、ダッハウ強制収容所にはすでに七〇〇〇から九〇〇〇人が収容されていた。一九三八年一一月九日、ドイツ全土で水晶の夜事件と呼ばれる大規模なユダヤ人襲撃が起きているが、この事件後、三万人のユダヤ人がヒムラーの補佐官を務めるラインハル

【左】ザクセンハウゼン強制収容所の初期のようす。ベルリン北西34キロメートルに位置するこの収容所には20万人が収容され、そのうち10万人が病気や処刑、労働により死亡した

ト・ハイドリヒによって逮捕され、みな強制収容所に送られた。その多くは短期間で釈放されているが、収容中に死亡したユダヤ人も二〇〇人に上った。

収容所はザクセンハウゼン収容所(一九三六年)、ブーヘンヴァルト収容所(一九三七年)、フロッセンビュルク収容所(一九三八年)など次々に建設された。一九三八年に併合したオーストリアにもマウトハウゼン収容所ができた。収容所の囚人は強制労働に従事させられ、例えば採石場で天然石の切り出し作業を行った。なお、囚人たちの犠牲のもとに産出された天然石は、新たな都市建設に使用されることになっていた。ヒトラーはドイツの各都市を「千年王国」にふさわしい都市に改造するという壮大な構想を思い描き、故郷リンツの改造計画図や模型をしばしば眺めていたという。また親衛隊は

点呼のようす。囚人服に逆三角形の印が見える。同性愛者、反社会分子、政治犯など、それぞれが異なる色の印を付けていた。ザクセンハウゼン強制収容所

天然石を企業に売ることによって多額の活動資金を得ていた。

■強制収容所の生活

強制収容所では徹底的な監視体制が敷かれていた。そして囚人に対する残酷行為がまかり通っていた。強制収容所を統括するヒムラーでさえ「強制収容所は実に不愉快でむごいところだ」と口にしている。

囚人は収容所に到着すると、まず所持品をすべて没収された。その後頭を剃られ、管理番号を与えられた。また、一般犯罪者、ジプシー、政治犯、同性愛者、エホバの証人の信者、反社会分子、ユダヤ人などそれぞれが識別のため、異なる色の逆三角形の印を囚人服に付けなければならなかった。囚人は採石場などで奴隷労働に従事した。体力の消耗を目的とした無意味な作業をさせられる場合もあった。不規則な点呼や鞭打ち、射撃に怯え

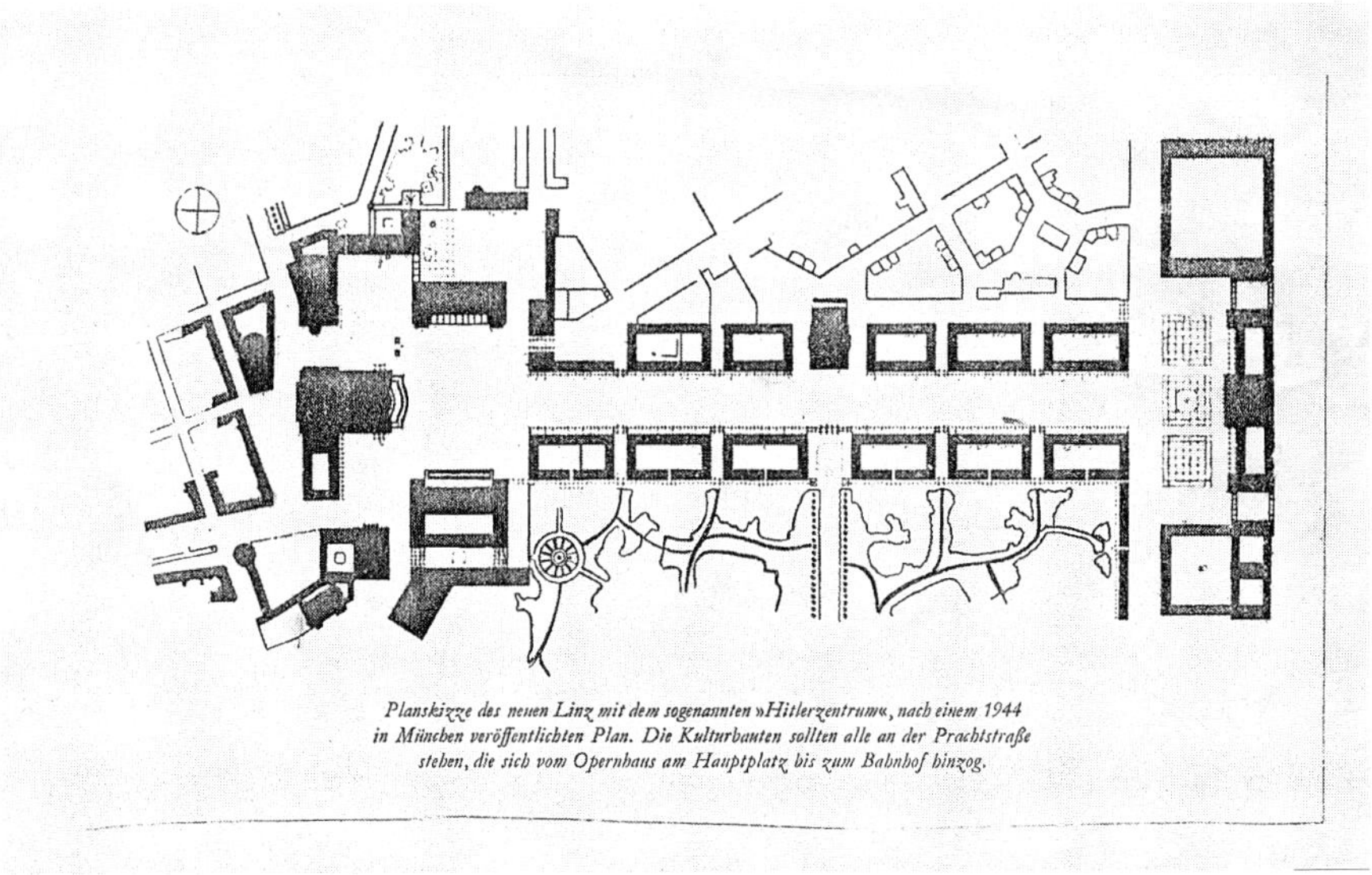
Planskizze des neuen Linz mit dem sogenannten »Hitlerzentrum«, nach einem 1944
in München veröffentlichten Plan. Die Kulturbauten sollten alle an der Prachtstraße
stehen, die sich vom Opernhaus am Hauptplatz bis zum Bahnhof hinzog.

ヒトラーの故郷リンツの改造計画図。改造に必要となる石を切り出す作業には、収容所の囚人が駆り出された

る毎日だった。残酷な遊びの道具にされることもあった。マウトハウゼン強制収容所では、囚人を「落下傘兵」と呼んでは採石場の崖の上からほうり落とした。
収容所の中で囚人はひとつの自由も許されなかったが、それは囚人の家族や友人についても同様だった。ウィンクレーナーという女性は、ダッハウ強制収容所で夫が死亡したという知らせを受け、収容所へ車で向かった。彼女に同行した友人がそのときのことを次のように語っている。

次の朝の六時、わたしたちは収容所に到着しました。身元確認が行われた後収容所に入り、待合室で待つように指示されました。朝の点呼で囚人たちが整列するようすが部屋から見えました。点呼が終わると、囚人たちは並んで作業へと向かいました。それから四時間待ちました。そしてようやく外へ出され、点呼場を横切り小さな建物へ連れていかれました。開いている扉から中に入ると、台の上にひとつの棺が載っていました。棺の中には、おがくずに埋もれるようにして、ウィンクレーナー氏が口を開けて横たわっていました。ウィンクレーナー夫人は夫を腕に抱こうとしました。すると親衛隊の隊員が「手を引け」と大きな声で命じました。わたしたちはなぜ死亡したのか理由を尋ねました。返ってきたのは簡単な言葉でした。「規律を乱したからである――以上で対面を終了する」

一般の刑務所も同様だが、強制収容所の囚人の釈放にも条件が付いた。例えば、収容所についての「嘘《うそ》の情報」を流さないという約束をしなければならなかった。つまり、真実を話すことは許されなかった。真実を人に漏らせば保護拘禁として再び収容所送りとなった。
ドイツの一般国民が収容所の情報を手に入れることは難しかった。そのためさまざまな噂が流れた。

外国の新聞等は収容所に対しおおむね批判的だった。一方ナチスは各新聞で収容所の情報を提供したり、収容所の「本当の姿」を収めた写真や映像を公開したりした。それらの情報によれば収容所はいかにも健全であるようだった。しかし実際の環境はそれほど良いものではないだろうということは国民にも分かっていた。収容所に入っているのは悪い人間なのだから、そういう環境が罰としてふさわしいと考える者もいた。一方で批判的に見る者もいた。しかしその批判を口にする者はほとんどいなかった。ナチスを恐れたからである。国家の恐怖の前に国民が口をつぐむ。これは警察国家の典型的な姿である。

れんが積み用の粘土を掘り出す囚人たち。すべての囚人が働かなければならず、多くが重労働と飢えで死亡した。ザクセンハウゼン強制収容所

■ナチスへの支持

ナチスの恐怖や弾圧について一般に語られていることは誇張されている、と主張する者たちがいる。カナダの歴史家ロバート・ジェラテリーはその代表的人物だ。彼はゲシュタポに関する著書や『ヒトラーを支持したドイツ国民』の中で、ナチスが国民の大きな支持を得ていたことを強調している。ナチス支持の背景にはまず経済の回復とそれにともなう失業率の減少があった。またナチスがヴェルサイユ条約を破棄したことも挙げられる。第一次世界大戦の講和条約の縛りから自らを解放したナチスは、徴兵制を復活させるなど軍の増強に乗り出した。そして

オーストリア併合後ウィーン市内をパレードするドイツ軍。ナチスはドイツ民族の統一をめざしていた。1938年3月

一九三六年にズデーテンラントを併合し、一九三八年三月にはオーストリアも併合、さらに一九三九年から始まった第二次世界大戦では一九四〇年にかけてドイツ軍の勝利が続き、国家主義者たちを熱狂させた。ジェラテリーはまた、ナチスは選挙で議席を伸ばし、その後合法的に政権に就いており、政権獲得後に数々の暴力行為を行ったとしてもその事実は変わらないし、さらに、ナチスが強権をふるって行っていた逮捕と過酷な処罰について国民が批判をしておらず、むしろ認めていた国民も多かったと主張している。そのことを示す例として、国民による密告が多かったことを挙げている。ナチス・ドイツ期、密告が多かったことは確かである。ごく普通の国民が、自分の隣人をゲシュタポに密告していた。

■ゲシュタポ

ゲシュタポはその謎めいた存在から、あらゆるところに潜んでいると考えられていたが、構成員の数でいうと、一九四四年時点で三万二〇〇〇人程度だったという。そのため八〇〇〇万人近い国民の監視を担うゲシュタポにとって、国民の密告はたいへん役に立っていた。共産主義的な思想を持つ者や同性愛者、ユダヤ人、ユダヤ人に同情的な者などを、その隣人や知人がゲシュタポに密告していた。ジェラテリーはこう述べている。「密告は第三帝国のひとつの特徴だった……ナチスは一般国民の積極的な協力を得ていたのである」

ナチスに対する見方はともするとと極端に偏りがちになるため、国民の協力があったとするジェラテリーの主張も参考にすべきだろう。しかし、確かに協力的な者も存在しただろうが、その数は彼が主張するほど多くはなかったのではないか。その反対にナチスを批判した者もまた国民の一部であるが、

ケルンの街を通過する砲兵隊。1930 年代、ナチスは徴兵制を復活させ、軍備拡張を推し進めた

強制収容所の囚人にタバコを配る親衛隊幹部。プロパガンダ用に撮影されたもの。1930 年代

それは、大多数の国民にとってはまず日々の生活がいちばん大切だったからだろう。議会に野党が存在せず、政権に対する不満を公に口にすることが許されない社会で、それなりに幸せな暮らしをしたいと願っていたに違いない。だから仕事や毎日の食事、住む家、結婚相手といったものがなによりの関心事だったはずだ。強制収容所や予防拘禁などに対する当時の世論というのは、ナチスの言論抑圧のもとに形成されたものである。勇気ある者や無鉄砲者ならともかく、大多数の国民は危険に巻きこまれることを恐れて、自衛のために黙っているしかなかっただろう。だから、国民から批判が起こらなかったからといって、ナチスが一般に支持されていたと見るのは軽率だ。国民は常に恐怖と隣り合わせに暮らし

突撃隊に暴行を加えられる共産主義者。個人でナチスに抵抗することは難しかった

ていたのである。
ナチス・ドイツの姿を探る手がかりとなるのは、国民がその時代の経験を書き残した記録である。ここでそうした記録をいくつか紹介したい。まずはデュッセルドルフのベルント・エンゲルマンという男性の記録である。彼はかつての使用人ヘドウィグの話から、ゲシュタポがどのような拷問を行うのかを知った。ヘドウィグの夫フリッツは、仕事へ行こうと家を出たところでゲシュタポに捕らえられた。

フリッツはまず鉄製のロッカーの中に押しこめられたという。押しこめられたままの状態で半日が過ぎた。夜になりゲシュタポが再び現れ、フリッツはロッカーから出された。それから尋問が始まった。ゲシュタポはまず、先の尖った小さな棒切れを

ダッハウ強制収容所の調理場

ナチス党員の家族。狂信的なナチス支持者が現れる一方、ナチスとの関わりを極力避けようとする国民も少なくなかった

一本ずつフリッツの爪の根元に打ちこんでいった……ヘドウィグの話にわたしは吐き気を催し、とうとう洗面所へ駆けこんでしまった。ヘドウィグはその後たびたび我が家へ話をしに来るようになった。一度はフリッツから手紙が届いたようで、エムスラントの収容所に居ること、体は大丈夫だということが書かれていたらしい。わたしの母がフリッツへ送るようにと、ちょっとしたものを小包にしてヘドウィグに渡した……一年後、フリッツは釈放された。新しい仕事も見つかった。釈放からしばらくたったある日曜日、我が家へ挨拶にやって来た。彼ら元囚人は収容所での体験を話すことを禁じられていた。わたしたちはそれを知っていたからなにも聞かなかった。フリッツが帰った後、母がわたしに言った。「フリッツは髪がすっかり白くなってしまったわね」

ドイツ軍の行進。戦争末期、ドイツ軍はナチスの命令によって無謀な戦いを強いられた

次にユダヤ人学者ヴィクトール・クレンペラーと作家ルイーゼ・リンザーの日記を紹介する。このふたりの日記は戦後に出版されている。クレンペラーは、ナチス・ドイツ期の一九三三年から一九四五年にかけて、その日々の思いや経験を克明に綴っている。彼は一九四一年六月二三日から七月一日にかけて独房生活を体験している。灯火管制下でカーテンを引いておくことをうっかり忘れたところ、そのことを近所の住人に密告され、逮捕されたのである。クレンペラーは支給された鉛筆を使って八九号独房での生活を記録し、釈放後それを日記帳に書き写していた。次の文はその一部である。

ただ一度カーテンを引き忘れたからといって逮捕される人間など、ユダヤ人のなかにだっていないだろう。罰金が払えればよかったのだが。普通は五〇マルクほどだというが、わたしがユダヤ人だか

長いナイフの夜事件の後、ベルリン市内の警備を行うドイツ軍兵士。緊急事態の際は軍も動員され、一斉逮捕や処刑も行った。1934年6月

らずっと高くなったのだろう。問答無用の逮捕だった。まったく苦々しいことだ。すべてはわたしがユダヤ人だったせいだ。それでも警察なら投獄までは行わなかっただろう。それに比べゲシュタポはひどいことをする。独房の扉が閉まった瞬間、わたしは言いようのない恐怖におそわれた。それは八日間、つまり一九二時間の空虚な時間の始まりだった。

彼が投獄されたのは、ちょうどドイツ軍によるソ連侵攻が開始された時のことで、独房の外では愛国的な軍歌が流れていた。そのときの不安を「この戦争でヒトラーが勝ってしまったら、ヒトラーの支配が永遠になってしまうのだ」と書き残している。

ルイーゼ・リンザーは一九一一年にバイエルン州に生まれた。夫をはやく失い、小説を書きながらふたりの子供を育てていた。リンザーの最初の小説は、ちょうどクレンペラーが投獄されたのと同じ年に出版されている。一九四四年、かねてからゲシュタポに目をつけられていたリンザーは、友人だと思っていた女性の密告が決め手となって逮捕され、反逆罪で死刑判決を受けた。しかし、ドイツの敗北によって死刑を免れ、その後一九四六年に収容所でつけた日記を出版した。出版の際彼女はこう語っている。

わたしは収容所日記を出版します。わたしの運命は、数多くの人びとの運命のうちのひとつに過ぎません。でも、その多くのうちのひとつに過ぎないわたしの運命も、伝える価値があるのではないかと考え、出版することにしたのです。日記に記している出来事は、なにも特別なことではありません。強制収容所ではごく普通に起きていた出来事です。

次の日記は、一九四四年一一月三日のものである。

昨日独房から出され、今は四人の囚人と同じ牢に入っている。こうして他の囚人といると、寂しさを紛らわすことができるから良い。でも良いことといったらそれくらいだ……彼女たちは夜中にバケツを四、五回使う。だからとてもうるさい。ひとりはこのところ下痢ぎみで、ひとりはいつも臭いにおいがする。ひとりは夜に窓を開けたがり、ひとりはリューマチのため窓を閉めたがる。暖房はない。外はもう雪だというのに……寒さでほとんど眠ることができない。咳がひどく、腎臓が痛くてたまらない。

簡易軍事法廷で裁かれた人物が処刑される直前のようす。軍事法廷に引き出された人物にはほぼ例外なく死が待っていた。1945 年、ドイツは狂気の中にあった

なお、リンザーが逮捕されたのは、ロシア人捕虜にタバコを与えたためであった。

■強まる弾圧

以上紹介した記録は、比較的穏やかで特別衝撃的なものではないが、ナチス・ドイツ期は、無辜の国民が弾圧されていたことをうかがい知ることができる。ナチスによる弾圧は年を追うごとに激しさを増し、やがて「ユダヤ人問題の最終的解決」と呼ばれるユダヤ人根絶をめざした大量殺害も始まる。ナチスはその「最終的解決」のため、ポーランドに新しい収容所を建設する。この収容所は殺害を行うことを目的としており、ここまで取り上げてきた強制収容所とは区別すべき性格のものである。そして戦況が悪化し始めた戦争後半、とくにスターリングラード攻防戦で敗北した一九四三年以降はいっそう容赦ない弾圧が行われるようになる。

国民による密告も絶えず、それが弾圧を助長したことも事実である。国民による密告にはこんな例もある。一九四三年一一月一〇日、ゲルトルーデ・シュルツという四八歳の女性が家主を密告した。一九三八年に借家人となり、その後夫と一緒に鶏を飼い始めたのだが、そのことで常々家主から文句を言われていた。そこで女性は家主が口にしたヒトラーの悪口をおおげさに誇張して密告した。その結果家主は一九四四年二月ゲシュタポに逮捕され、人民法廷で死刑判決を受け、一九四四年七月一七日に処刑されている。

一九四五年二月一五日からは簡易軍事法廷が開かれ、ナチス党員や軍将校、親衛隊、警察官らのうちで、ナチスの目標実現の妨げになると見なされた者や、献身的な働きが見られない者が裁かれた。この軍事法廷で下される判決はほぼ死刑と決まっていた。

　一般国民に対しても弾圧の手が緩められることはなかった。ドイツ国内への連合軍侵攻が迫る大戦末期になると、国民に対する射殺も広く行われるようになった。ドイツの完全勝利を信じていないと見なされた者や、戦争を続けることに疑問を呈した者などがその標的となった。ナチスは政権が終焉を迎えつつあるときにあってもなお彼らのユートピアをめざし、民族共同体の建設に役立たない者、その一員としてふさわしくない者を処分し続けた。ジョージ・オーウェルならばおそらく、ナチスはドイツ国民の顔を何度も何度も靴で踏みにじった、と言うだろう。

第二章

抵抗運動

抵抗運動はナチス・ドイツ初期より行われていたが、政権を脅かすほどの力を持つものはなく、ヒトラーの支配は強まるばかりだった。第二次世界大戦中は、軍将校によって数度にわたりヒトラー暗殺が試みられたがすべて失敗に終わっている。

ゲシュタポの公文書によると、一九三三年から一九四五年の間に、およそ八〇万人が抵抗運動に関わったとして逮捕されている。抵抗運動には少なからぬ人びとが参加していた。しかし政権はほとんど影響を受けることなく、ヒトラーは首相に任命された一九三三年から拳銃自殺を遂げる一九四五年四月三〇日まで、絶対的な権力を握り続けた。それはいったいなぜなのだろうか。

抵抗運動を行った勢力でまず挙げられるのは、共産主義勢力と社会主義勢力である。運動は、ドイツがソ連侵攻を開始した、一九四一年のバルバロッサ作戦以前がもっとも盛んだった。なお、ナチスと共産主義勢力は一九三三年以前から街頭闘争を行い、都市部における勢力争いを繰り広げていた。

ドイツにおける主要な共産主義政党は、ドイツ共産党（ＫＰＤ）である。ドイツ共産党は一九一八年以来、労働者階級から強い支持を受け、与党の対抗政党として存在感を示していた。一九三二年時点で党員数はおよそ三〇万人だった。なお共産党は同じ左派政党であるドイツ社会民主党（ＳＰＤ）とも反目していた。社会民主党は共産党と同じく労働者階級を支持基盤にしていた。ただ、政治思想は共産党ほど急進的ではなかった。一九三二年一一月の選挙では、ナチスの得票率は三三・一パーセント、共産党は一六・九パーセント、社会民主党は二〇・四パーセントだった。この選挙でナチスは三四議席を失って一九六議席となり、一方共産党と社会民主党は合わせて二二一議席を占めるに至った。共産

演説を行うドイツ社会民主党党首オットー・ヴェルス。1933年党が解散に追いこまれた後、1938年までプラハで亡命生活を送り、その後パリへ移った。1932年3月6日、ベルリン

党は社会民主党のことをファシストと同類だと見なし、社会民主党のほうでは共産党のスターリン主義を信用せず、両党は反目していたから、共産党と社会民主党が連立を組むことはなかったが、ナチスにとって脅威であることに変わりはなかった。一九三三年に政権に就くとヒトラーは左派政党の弾圧に乗り出すが、とくに共産党を激しく攻撃した。ゲシュタポと突撃隊が共産党本部を襲撃して幹部を逮捕し、党員と献金者についての膨大なリストを手に入れた。このリストをもとに魔女狩りが行われ、ベルリンをはじめ各都市から共産分子が一掃された。八〇〇〇人ほどは海外に逃れたが、ナチスの手に落ちた者には拷問や処刑、ダッハウなどの強制収容所での生活が待っていた。

共産主義者の弾圧に拍車をかけたのは、国会議事堂放火事件である。

マリヌス・ファン・デア・ルッベの裁判。1933年2月の国会議事堂放火事件の犯人とされ、死刑判決を受けた。彼はほとんど視力がなく、精神を病んでいたとも言われる

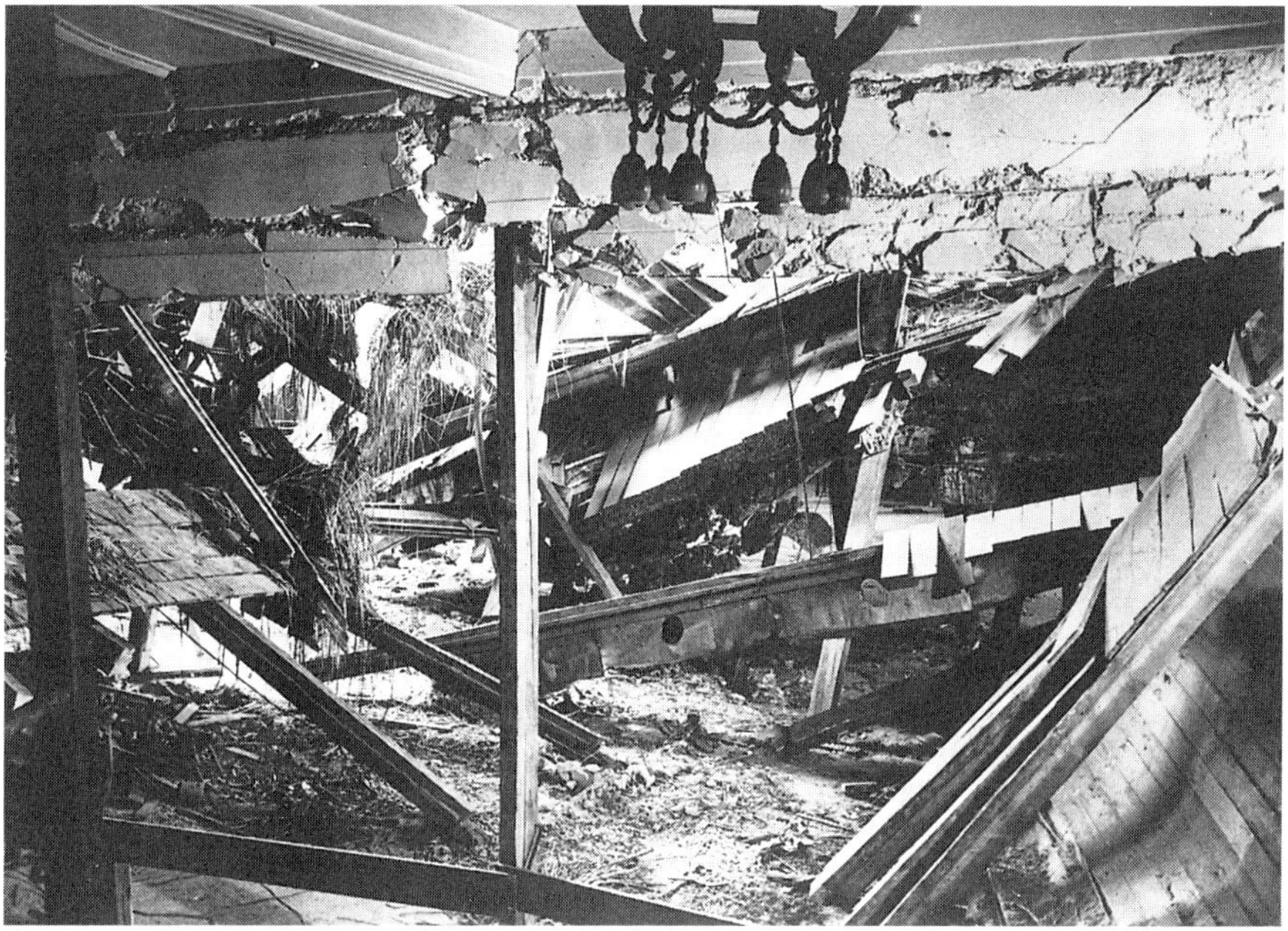

1939 年 11 月 8 日の暗殺未遂事件後のビュルガーブロイケラー。ゲオルク・エルザーは逮捕され、1945 年 4 月、親衛隊によって処刑された

一九三三年二月二七日、国会議事堂《ライヒスターク》が放火により炎上した。警察はマリヌス・ファン・デア・ルッベというオランダ人を逮捕した。この男がオランダ共産党員だった。現在この事件は、反共産主義政策を正当化するためヘルマン・ゲーリングと突撃隊が仕組んだものだったとも言われている。しかし当時は共産主義者の反乱であるとされ、ヒトラーはヒンデンブルク大統領に緊急令の発布を要請した。この国民国家防衛緊急布告により警察にかつてないほどの権限が与えられた。以後共産主義者らへの弾圧が激しくなり、一九四五年までにおよそ三万人が犠牲となっている。

ナチスによる弾圧に対し、共産主義者たちは組織を作ってさまざまな抵抗を試みた。共産主義者の抵抗組織で代表的なのはウーリッヒ＝レーマー団である。組織の名は、ベルリンの工場労働者ロベルト・ウーリッヒとドイツ共産党の活動家ヨーゼフ〝ベッポ〟レーマーの名を取って付けられたものである。ふたりは抵抗運動網を構築し、反ナチスの小冊子や隔月の雑誌を発行した。またサボタージュも行った。とくに兵器製造工場でのサボタージュに力を入れており、ひとつの工場に八〇人ほどの活動家が潜入していた。しかし反ナチスの印刷物などを手がかりに活動拠点が暴かれた。そしてレーマーが一九四二年二月に逮捕され、一九四四年九月斬首刑に処せられた。

ウーリッヒ＝レーマー団の他にもサエホウ＝ヤコブ団などが同じような方法で活動していたが、広がりを見せることはなかった。その理由のひとつは、ナチスによる雇用政策が一定の成果を上げつつあり、左派勢力の支持基盤である労働者階級がナチス支持に流れたからである。

また、一九三九年八月に独ソ不可侵条約（モロトフ・リッベントロップ協定）が締結され、ソ連がドイツと手を結んだことも大きかった。この条約が共産主義者に与えた影響は大きく、条約締結以降、抵抗運動の勢いは弱まった。マイケル・バーリーは『第三帝国―新たな歴史』（マクミラン、二〇〇〇）において、この時期のドイツの共産主義者たちは「どっちつかず」の状態だったと指摘している。逮捕者数も一九三九年一月が五〇〇人だったのに対し、一九四〇年四月は七〇人へと減少している。

ヒトラーの暗殺を試みた者もいた。一九三九年一一月八日、共産主義者ゲオルク・エルザーが、ミュンヘンのビヤホール「ビュルガーブロイケラー」に爆弾を仕掛けた。一九二三年のミュンヘン一揆を記念し、ここでヒトラーが演説を行うことになっていたからだ。ところがヒトラーは予定より早く到着し、演説も予定より早く切り上げてビヤホールを後にした。爆弾が爆発したのはそれから三〇分後だった。この爆発で八人のナチス支持者が死亡し、エルザーは強制収容所に送られ、五年後の終戦直前に処刑された。

ソ連のモロトフ外相（左端）と会談するヒトラー（右端）。不可侵条約締結後、共産主義者による抵抗運動は勢いを失った

左派勢力の中では、社会民主党の活動家による抵抗運動も存在した。ただ、社会民主党は一九三三年に解散に追いこまれた後党員は散り散りになり、組織的に抵抗運動を行うことは難しく、諜報活動などを行ってはいたがごく小規模のものだった。しかしナチスへのわずかな批判も死罪となりうることを承知で、勇敢にも論壇で、あるいはペンを取って抵抗を続けた者もいた。

労働組合も同様に解散させられた。それに代わるものとしてナチスのもとに、ドイツ労働戦線（ＤＡＦ）が組織された。ドイツ労働戦線にはおよそ二〇〇〇万人が所属していたが、その大半は抵抗運動とは無縁だった。運送機関や原料生産工場の労働者を中心にした抵抗運動網もあるにはあったが、政権を揺るがすような力にはなりえなかった。

■赤いオーケストラ

　国家機関で、国家機密を知りうる高い地位に就く者の間にも抵抗組織は存在した。その中でもっとも有名なのが、共産主義組織赤いオーケストラである。赤いオーケストラは、一九三八年から一九四二年の間に、政府機関と軍で活動した一五〇人ほどの諜報組織で、ナチス・ドイツ占領下のヨーロッパ各地にも組織網を広げていた。赤いオーケストラには、海軍元帥アルフレート・フォン・ティルピッツの孫、ハッロ・シュルツェ・ボイゼンや、神学者アドルフ・ハルナックの甥、アヴリッド・ハルナック・フォン・ハルナックといった著名な人物も存在していた。彼らはユダヤ人迫害の実態を広く知らせるためのチラシの作成も行っていた。ライン・ルール地方では下部組織が月に一度、抗議新聞を発行していた。しかしこの新聞は一九四三年にゲシュタポに摘発され、発行を停止している。

航空省勤務時代のハッロ・シュルツェ・ボイゼン（左端）。赤いオーケストラの中心メンバーで、後に絞首刑に処せられた

赤いオーケストラのメンバー、アヴリッド・ハルナック。反逆罪で死刑を宣告され、1942 年のクリスマス・イヴにプレッツェンゼー刑務所で絞首刑に処せられた。妻は 1943 年 2 月 16 日斬首刑に処せられた

諜報活動では、ドイツの国家機密をソ連に提供していた。一九四一年六月に開始されたソ連侵攻の際は、ドイツ軍の最新の作戦情報を逐一モスクワへ送っている。国家機密の他にもドイツの経済や社会状況についての情報を定期的にモスクワへ流していた。シュルツェ・ボイゼンは航空省に勤務しながら、ドイツ空軍《ルフトヴァッフェ》の作戦情報を収集した。諜報を開始するにあたっては、ソ連からドイツに工作員が送りこまれた。その工作員の助力でベルリンとモスクワの間に無線交信網が整えられ、新鮮な情報の提供が可能になった。ドイツ軍諜報組織アプヴェーアは、赤いオーケストラの諜報活動の結果として、およそ二〇万人のドイツ国民が犠牲になったと推計している。

一九四二年八月、赤いオーケストラはアプヴェーアによってその存在を暴かれた。シュルツェ・ボイゼンは、スターリングラード戦におけるドイツ空軍の作戦情報を送ろうとしていた間際に逮捕された。スパイの最後というのは往々にして悲惨なものだが、赤いオーケストラのメンバーもその例にもれない。メンバーのうち一一八人が裁判にかけられ、そのうち八人が絞首刑に、四一人が斬首刑に処せられた。残りの者は強制収容所へ送られ、その後例外なく処刑された。

■若者たちの抵抗運動

ナチスは、青少年の育成にたいへん熱心だった。ヒトラー・ユーゲントを組織し、その活動を通して青少年の心身の鍛錬に力を入れた。ヒトラー・ユーゲントは軍隊のように統制が厳しく、そのためナチスに反発する若者が現れた。

スウィング・キッズとエーデルヴァイス海賊団は、そうした反抗的な若者らのグループである。前者は主に中産階級社会の青少年、後者は労働者階級社会の青少年で構成されていた。彼らはナチスへの反抗を示すひとつの方法として、ナチスが「退廃文化」として禁じていたジャズなどの英米文化を楽しんだ。エーデルヴァイス海賊団はより活発で、いつも、色とりどりのショートパンツとチェック柄のシャツにネクタイというスタイルで街を闊歩した。「ナホバ」など各地方の仲間グループも同様の格好をして、メンバーで集まっては陽気に騒いだ。ときには、ナチスの監視の目から逃れるためにキャンプやハイキングに出かけた。また、ヒトラー・ユーゲントを襲撃するなど暴力行為も働いた。

ナチスは、たとえ青少年でも抵抗すれば逮捕し、重刑に処した。一九四二年一二年七日には、デュッセルドルフで七二九人の青少年が所属する二八のグループを解散させ、各グループのリーダーを絞首刑に処した。とくに活動が政治色を強めるようになると、容赦なく罰した。例えば、一六歳のヘルムート・ヒューベナーをリーダーとする小さな少年グループは、ナチスを批判するチラシや英国放送協会（BBC）の放送を文字に起こしたチラシを作成、配布していた。そのためナチスはヒューベナーを斬首刑に処し、他の少年は強制収容所へ送った。

若者による抵抗グループのなかでもっとも知られているのは、白いバラだろう。白いバラは、ミュ

【左】テレジーン強制収容所。ナチスは国際赤十字に対し、テレジーンを保養施設だと偽った

【下】ベルゲンベルゼン強制収容所内のユダヤ人の死体の山。白いバラのメンバーは、ナチスのこうした非道行為をドイツ国民に知らせようとした

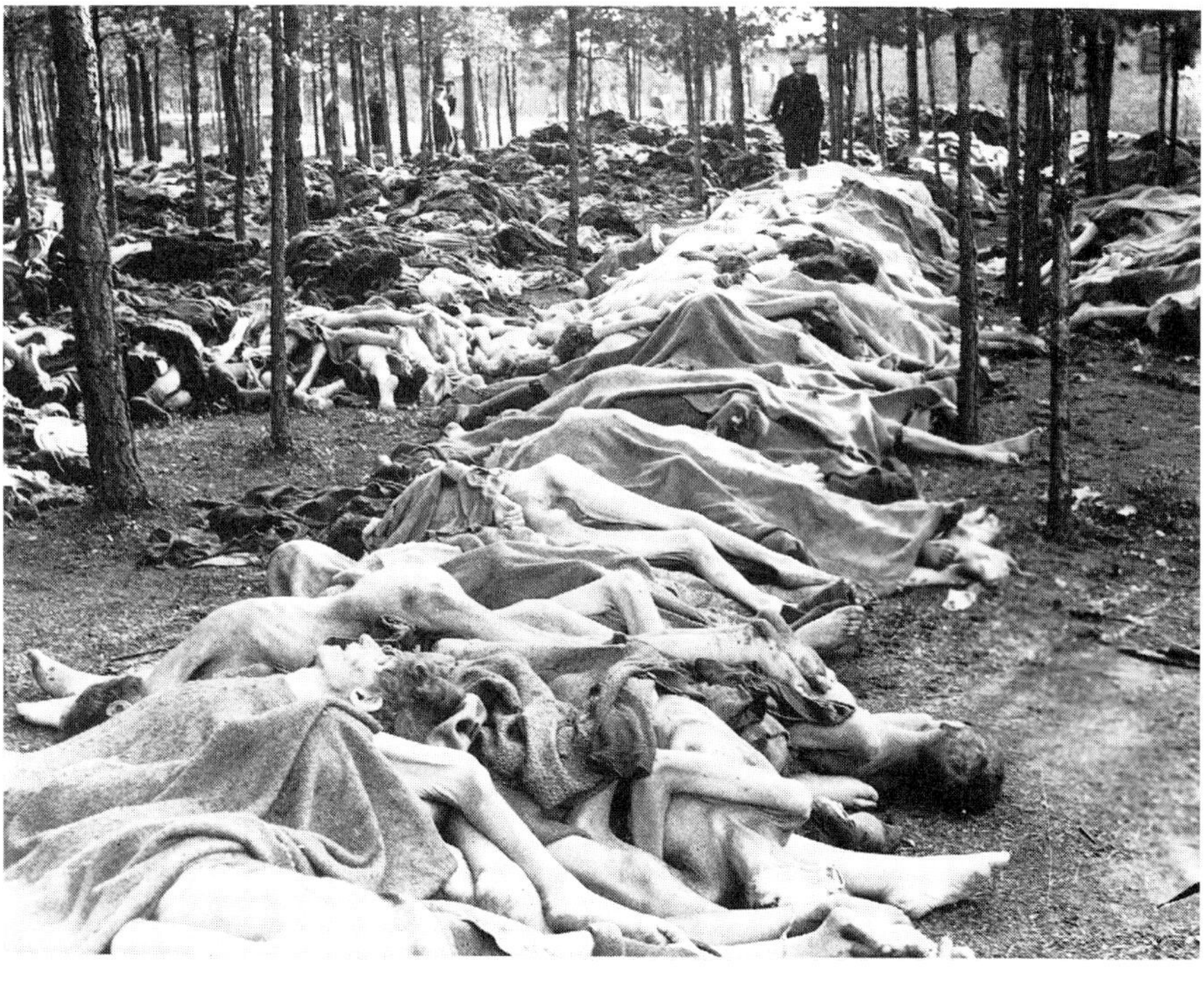

ンヘンの大学生によるグループで、非暴力の抵抗運動を行った。彼らの主な目的はナチスの残虐行為をドイツ国民に知らせることだった。結成時のメンバーのうち、ハンス・ショルとアレクサンダー・シュモレルはドイツ陸軍兵士としてポーランド戦とソ連戦に参加し、特別行動隊（アインザッツグルッペン）によるユダヤ人虐殺を目の当たりにした。同じくメンバーのひとりヴィリー・グラーフは、一九四〇年から四一年にかけ、フランス戦とユーゴスラビア戦で衛生兵として従軍し、ナチス占領地の実態を知った。

この三人に、ハンスの妹ゾフィー、姉のインゲ、クリストフ・プローブスト、ユルゲン・ウィッテンシュタイン、クルト・フーバーらが加わって、ビラを配布する運動を開始した。彼らはビラを手動印刷機で印刷し、情報の広が

人民法廷裁判長ローラント・フライスラー。白いバラのメンバーを裁いた。ヒトラーのお気に入りで、しばしば被告人を罵倒した

ヒトラー政権への支持を示すベルリンの学生。ナチスを応援する学生も存在した

ミュンヘン会談に集まった英仏独伊の首脳。左からチェンバレン、ダラディエ、ヒトラー、ムッソリーニ、チャーノ伊外相。この会談で戦争が回避され、暗殺計画は中止された

りが期待できる人びと、例えば大学講師、教師、医師、酒場の主人などを電話帳で選び出し、各人宛ての封筒にビラを入れて送るという作業をせっせと繰り返した。この計画には大量の切手が必要だったが、怪しまれてはいけないので、ひとつの場所でまとめて購入しないようにしていた。

彼らは、激しいながら理路整然とした文章のビラで、ユダヤ人に対する隠された罪を国民の前に明らかにしようとした。ビラは第六号まで作成されたが、次の文章はその第二号から抜粋したものである。

わたしたちはユダヤ人問題を論じたいわけでも、弁明あるいは謝罪をしたいわけでもありません。ただここに、ひとつの事実を示したいのです。ドイツによる占領の後、ポーランドで三〇万人のユダヤ人がとても残酷な方法で殺されました。これは人間の尊厳に対するもっとも恐ろしい罪でしょう。歴史上例を見ない罪でしょう。ユダヤ人は、わたしたちと同じ人間なのですから。

白いバラの運動はしだいに先鋭化していった。一九四三年二月には、ハンス、アレックス、ヴィリーの三人が、ミュンヘンのルートヴィヒ大通り沿いの家々に、反ナチスのスローガンをペンキででかでかと書いてまわった。二月一八日には、ハンスとゾフィーが大きなトランクに第六号ビラをいっぱいに詰めて大学へ行き、学生が集まる前の講義室に置いてまわり、さらにひとつかみのビラを三階の窓から中庭に投げ散らした。この行為が、ナチス党員ヤコブ・シュミットに目撃されてしまった。そして通報を受けて駆けつけたゲシュタポに逮捕された。

一九四三年二月二〇日、ハンス、ゾフィー、それにクリストフ・プローブストは人民法廷に引き出され、悪名高きローラント・フライスラー裁判長から斬首刑を言い渡された。そしてこの名ばかりの裁判から数時間後に刑は執行された。インゲ・ショルと両親は投獄された。アレクサンダー・シュモレル、ヴィリー・グラーフ、ユルゲン・ウィッテンシュタイン、クルト・フーバーは数ヵ月後死刑に処せられ、白いバラに関係したその他八〇人も投獄された。処刑場へ向かう前のゾフィーの言葉が、ゾフィーと同じ監房に入っていたエルゼ・ゲーベルによって伝えられている。強さと純真さの交じり合った言葉は心に響く。「今日はとてもよいお天気ね。でもわたしはもう行かなくてはならないわ。戦場では今もたくさんの人が死んでいる。未来のある若者が死んでいる。そしてわたしも死ぬけれど、惜しくはないわ。わたしたちは、たくさんの人に警告することができたのだから」

抵抗運動は保守派エリート層（ここ

フランツ・フォン・パーペン（左から2番目）。1934年にナチスを批判するも、その後謝罪。後にオーストリア大使に就任した

裁判にかけられるクライザウ・サークルのモルトケ。死刑判決を受け、絞首刑に処せられた。1945年1月

では便宜上、保守主義者と呼ぶ）からも起こった。ドイツの保守主義者は、ヴァイマル共和政期の自由主義的な空気を嫌っていたから、ヒトラーの権威主義的な姿勢は認めていた。しかしヒトラーの思想はドイツ保守主義者の伝統的価値観とは相容れない部分が多かった。またヒトラーは、例えばプロイセン州の飾り立てた貴族のような保守主義者を嫌悪しており、その貴族たちには暴漢かごろつきくらいにしか見えない人間で政権を固めていた。それがさらに保守主義者の反発を招いた。

またヒトラーの政権運営に対しても不満が起こった。例えば、ヒトラーは独裁体制を維持するひとつの方策として、官公庁の職務領域を重複させた。こうすることで官吏の間に対立を生み出し、自身の権力強化につなげたのである。官吏は主導権を得るためにヒトラーに媚びるようになっていった。しかし保守主義者にはそういう態度を潔しとしない者が多かった。戦況が悪化する一九四二年以降はナチスに対する反発がいっそう強まった。ドイツを破滅へ向かわせようとしている政権に与《くみ》することなどできるはずもなかったのだ。

保守主義者による抵抗運動には、それほど激しいものはない。ひとつの例としては、フランツ・フォン・パーペンと保守派弁護士エドガー・ユリウス・ユングによる演説が挙げられる。パーペンは一九三二年に首相の座を追われると、翌一九三三年にヒトラーを首相に担ぎ上げ、自身は副首相に就任した。しかしヒトラーの横暴な政権運営に危機感を抱き、一九三四年六月一七日にマールブルク大学で演説を行った。ユングが起草したこの演説はナチスの独裁体制と民族主義を批判し、またヒトラーの強硬な外交姿勢に異を唱え、ヨーロッパ諸国との融和を訴えた。なお、パーペンはこの演説が軍によるクーデターの引き金となることを期待していたが、その思惑がはずれると翻ってヒトラーに謝罪した。そして処世にたけていたパーペンはその後オーストリア大使となり、後のオーストリア併合（アンシュルス）の立て役者のひとりとなっている。一方、ユングをはじめ、ヘルベルト・フォン・ボーゼやエーリヒ・クラウゼナーら演説に関わった人物は、演説から数週間後に起こる長いナイフの夜事件で殺害されている。

保守主義者の抵抗組織として有名なのは、クライザウ・サークルである。知識人で構成される小さな組織で、一九三三年に抵抗運動を開始した。中心となったのは、ドイツ軍総司令部の法律顧問ヘルムート・ヤムス・グラフ・フォン・モルトケである。組織の名は、主な話し合いの場となっていたモルトケの邸宅がシュレジエンのクライザウにあったため、それにちなんで付けられたものである。メンバーはキリスト教に基づく保守思想を共有していた。彼らの望みはナチスによる残虐行為を終わらせることだった。そして新しい政府の誕生を願い、一九四二年八月九日に「新しい秩序のための基本方針」と題する草案を完成させた。モルトケは一九四三年一〇月、妻に宛てた手紙の中でこう思いを伝えている。「フランスでは激しい戦闘が続いている。でもそれも、ポーランドとロシアで起こっていることに比べたら、ただの子供の遊びのようなものだ。それなのに、わたしは温かな部屋でお茶を飲んでいるばかりでいいのだろうか」

クラウザウ・サークルは、結局話し合いをするだけの活動に終わってしまうのだが、社会的な地位と影響力を持つ人物らの抵抗の動きは、軍将校らによる運動に影響を及ぼすことになった。

■軍の抵抗

軍の抵抗運動には、上層部の人物が多く関わっている。ざっと挙げるだけでも、ルートヴィヒ・ベック上級大将（陸

ヒトラーとフランツ・ハルダー上級大将。戦争初期は陸軍参謀総長としてヒトラーに従った。1939年、ポーランド

ルートヴィヒ・ベック。抵抗運動の中心人物。ヒトラーの政策に異を唱え、1938年参謀総長を解任される。ヴァルキューレ作戦の首謀者として射殺された

軍参謀総長　一九三五―三八）、ヴィルヘルム・カナリス海軍大将（国防軍情報部部長　一九三五―四四）、フランツ・ハルダー上級大将（陸軍参謀総長　一九三八―四二）、第二次世界大戦中もっとも活躍した指揮官のひとり、エルヴィン・ロンメル陸軍元帥など、錚々たる顔ぶれがそろう。軍内部に抵抗運動が広がった理由のひとつは、戦争が進むにつれ、ヒトラーが作戦の細部にまで介入し、独断的で無謀な作戦命令を下すようになったことが挙げられる。

ヒトラーは一九三四年に国防軍の最高指揮権者となった。そして一九三八年二月四日には、国防軍最高司令部（ＯＫＷ）を創設し、自らが国防三軍を直接指揮する体制を整えた。その後、軍幹部を相次いで更迭した。そのため軍上層部の中に、戦い方など知らぬ伍長あがりの男が勝手なまねをしている、と言って反発する者が出始めた。

しかし、ドイツ軍が優勢だった大戦初期のころは、ヒトラーと軍の関係はそれほど悪かったわけではない。続くドイツ軍の勝利はヒトラー独自の作戦によるところも大きかった。しかし一九四一年六月に開始されたソ連侵攻以降、対立が目立つようになる。スターリングラード攻防戦では第六軍が敗北を喫した。そこでヒトラーは一九四三年七月、クルスクの戦いの指揮をエーリッヒ・フォン・マンシュタイン陸軍元帥に命じたが、再び攻勢に失敗した。ヒトラーはこの戦い以降軍将校を信用しな

くなり、ますます独断的になった。それとともに将校の反発も激しくなった。なお、名将として名高いマンシュタインは、一九四二年にルートヴィヒ・ベック上級大将やヘニング・フォン・トレスコウ少将から、ヒトラー暗殺計画への参加を持ちかけられ、いったん応じるかに見えたが、スターリングラード戦の敗北後は暗殺計画との関係を絶ち、戦争が終わりを迎えるまで、最高指揮権者であるヒトラーに忠実であり続けた。

エーリッヒ・フォン・マンシュタイン陸軍元帥。名将として知られる。暗殺計画への参加を拒否し、軍人としてヒトラーに忠実であり続けた

■抵抗の方法

将校らは、抵抗運動のひとつとして、ヒトラーの作戦命令を実行に移さないという方法をとった。

例えば、グーデリアン陸軍大将は一九四一年の冬、ソ連戦において公然と命令を拒否した。ただしグーデリアンは抵抗組織のメンバーではなく、純粋に大将として、ヒトラーの作戦では勝てないと判断したゆえに取った行動だった。アラン・クラークなどの軍事史家は、東部戦線におけるドイツ軍敗北の主な原因を、将校らの一連の不服従の行動にあるとしている。こうした見方には議論の余地があるだろうが、将校が作戦の実行を遅らせることや、命令どおりに行わないことがあったのは事実である。一九四五年に入りドイツの敗色が濃くなってくると、ヒトラーは自殺的な攻撃命令を出すようになるが、とくに最後の数週間はそれが何度も拒絶されている。

クルスク戦におけるソ連軍戦車部隊。攻勢に失敗した軍に対し、ヒトラーは不信を募らせた。1943年7月

連合軍に秘密情報を流す者や、ヒトラーの許可なく連合

国軍と交渉を持つ者もいた。国防軍情報部長のヴィルヘルム・カナリス海軍大将は、一九三九年から一九四一年の間に、ヒトラーの軍事計画情報を連合国に提供している。カナリスには、ユダヤ人やロシア人に対する虐殺を止めたいという願いがあったからである。またカナリスは、一九四三年三月の中央軍集団参謀によるヒトラー暗殺計画、一九四四年七月の暗殺計画にも関与している。なお、戦争末期には政権中枢にもヒトラーの意思に背く行動を取る者が出てくる。ナチスの第二の実力者であるハインリヒ・ヒムラーは一九四五年、ヒトラーに無断で連合国軍と和平交渉を試みている。カナリスとヒムラーの策謀は露見し、カナリスは一九四五年四月に処刑された。ヒムラーはヒトラーの怒りをかって全官職を剝奪された。それまでのナチスへの貢献から処刑は免れたが、後に連合国に捕らえられ、その後自ら命を絶っている。

■暗殺計画

ヒトラー暗殺は、ヒトラーが首相に就任した時から幾度も試みられている。しかし、ヒトラーの運の強さからか計画の甘さからか、いずれも失敗に終わっている。

軍上層部によって最初に暗殺計画が立てられたのは、一九三八年のズデーテン危機のときである。フランツ・ハルダー上級大将（陸軍参謀総長）とハンス・オスター少将（国防軍防諜局中央部部長）、元国立銀行総裁ヒャルマル・シャハトらが、ヨーロッパ各国との戦争発生を危惧し、ヒトラー暗殺を企てたのである。ハルダーはヒトラーとの会議の際には拳銃を隠し持ち、機会をうかがっていた。

しかし、一九三八年九月三〇日のミュンヘン会議で、イギリス首相ネヴィル・チェンバレンらがドイツに譲歩し戦争が回避されたため、結局この暗殺計画は実行には移されなかった。

一九四〇年七月には、フリッツ・ディートロフ・グラフ・フォン・デル・シューレンブルク中尉と神学者オイゲン・ゲルステンマイアーが、パリの戦勝パレード中にヒトラー暗殺を試みている。航空機の爆破による暗殺も試みられた。一九四三年三月、東部戦線視察後、ヒトラーがスモレンスクの中央軍集団司令部を訪問した。その際ヘニング・フォン・トレスコウ少将、ファビアン・フォン・シュラーブレンドルフ中尉、ルドルフ・クリストフ・フォン・ゲルスドルフ大佐が共謀し、爆発装置をブランデーの瓶に見せかけて随行官に渡した。ヒトラー一行はその爆発装置とともに、フォッケウルフ二〇〇コンドルに乗りこんだ。ヒトラーを乗せたその飛行機がドイツに向けて飛び立ったとき、計画は成功したかに見えた。しかし時限装置がうまく作動せず爆弾は爆発しなかった。一九四三年三月は、この他にもヒトラー暗殺が試みられているがいずれも失敗している。

■ヴァルキューレ作戦

一九四四年七月のヒトラー暗殺・クーデター計画、いわゆるヴァルキューレ作戦ではさすがのヒトラーも無傷では済まなかった。しかし、命を失うことはなかった。この時期になると、軍上層部の反ヒトラー派は大きな勢力となっていた。作戦の実行者となったのは、クラウス・シェンク・フォン・シュタウフェンベルク大佐である。

中央軍集団首席作戦参謀ヘニング・フォン・トレスコウ。ヴァルキューレ作戦の首謀者のひとり。前線で暗殺失敗を知り、自殺した

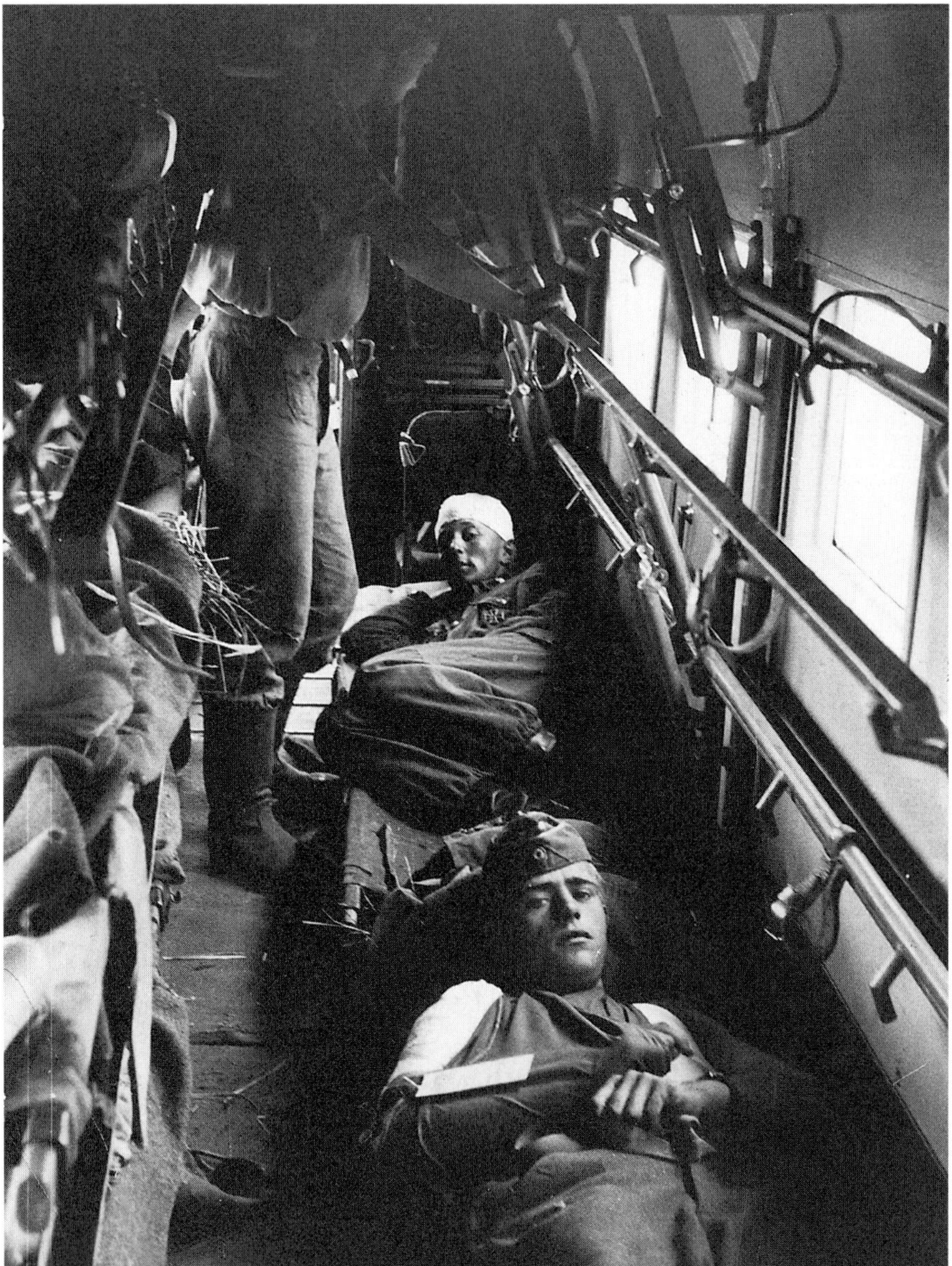

一九四三年四月にチュニジア戦線に従軍した後、一九四三年一〇月に陸軍参謀本部参謀将校、一九四四年六月には国内予備軍司令官フリードリヒ・フロムのもと、国内予備軍参謀長に任命された。計画の首謀者であるトレスコウやベックとは、総統大本営「狼の巣」で開かれる作戦会議で顔を合わせていた。ヴァルキューレ作戦が実行に移されたのは、東プロイセンのラシュテンブルクの森の中にあるこの大本営である。

彼らがヴァルキューレ作戦を計画したのは、東部戦線の戦況が悪化の一途をたどりつつあった一九四四年はじめのころである。それから時機をうかがい、七月二〇日に開かれる作戦会議で実行に移すことが決定された。計画は、シュタウフェンベルクが会議場に時限爆弾を仕掛けてヒトラーを殺害し、それと同時にヴァルキューレを発動して軍がベルリンを制圧し、政権を奪取するというものだった。

一九四四年七月二〇日、シュタウフェンベルクは一キログラムのプラスチック爆弾を仕込んだブリーフケースを手に、なんら疑われることなく、会議場となる木造の建物の一室に入った。ヒトラーと握手を交わし、その後さりげなくブリーフケースをテーブルの下に置いた。それから電話をかける用があると理由をつけて会議室を出た。ところが、ヒトラーの足元近くのブリーフケースに気づいたハインツ・ブラント大佐が、足元を空けるためテーブルの脚部の奥にブリーフケースを押し入れた。この脚部が頑丈で、爆発の際に盾の働きをしたため、ヒトラーは命拾いをすることになる。

一二時五〇分、爆弾が炸裂し会議室は大破した。会議室にいた二四人のうち、ひとりは即死、他は重傷を負い、ブラントを含む三人は後に死亡した。しかしヒトラーは、右脚に火傷を負い、右腕がやや麻痺した状態になり、さらに鼓膜を損傷したものの、生きていた。シュタウフェン

【右】スターリングラードの戦いで負傷した兵士たち。東部戦線で軍に多大な損害が出ていたことも抵抗運動を活発にした

ベルクはそうとは知らないまま、次の作戦段階へ移るべく、ただちにベルリンの司令部へ向け航空機で飛び立った。その時点では、シュタウフェンベルクは会議室にいた全員が爆発で死亡したと確信しており、ヒトラーの生存を知ったのはベルリンに到着してからのことだった。なお、会議は当初地下室で開かれる予定だったが、地上の会議室に変更されたため、爆発の際爆風が窓から逃げて、殺傷力が削がれる結果となったのだった。

事件後ヒトラーは報復に出た。陰謀に関わったとしておよそ二〇〇人が捕らえられ、処刑された。シュタウフェンベルクら四名は当日の深夜銃殺された。ルートヴィヒ・ベックは拳銃による自決を試みるも失敗し、一軍曹によってとどめの一発が撃ちこまれた。他は絞首刑に処せられた。絞首刑

占領したパリ市内をパレードするドイツ軍。戦争初期は続く勝利によってヒトラーを支持する国民が増加した

フォッケウルフFw200。東部戦線視察の際ヒトラーが使用していた

は、肉を吊るす鉤とピアノ線を使用する方法で行われ、ヒトラーはその処刑のようすをフィルムに記録するよう指示し、後に自ら観たとも言われている。

ヒトラーによる一連の報復劇により、カナリスやロンメル、トレスコウといった大物を含む軍の反ヒトラー派が一掃された。一大暗殺計画は皮肉にも、ヒトラーの独断専行に拍車をかける結果に終わってしまったのである。

最後に、キリスト教徒による抵抗運動について見ておきたい。ヒトラーはキリスト教を嫌っていた。しかしキリスト教に対してはあからさまな弾圧は行っていない。ドイツ社会に深く根づくキリスト教を弾圧するよりも、体制維持に利用するほうが得策だと判断したからである。ヒトラーは一九三三年にヴァティカンと政教条約《コンコルダート》を結び、ドイツ国内のカトリック教徒の信仰の自由を保証した。その代わりとしてヴァティカンは、ドイツの政治に干渉しないことを約束した。その後「帝国監督」ルートヴィヒ・ミュラーが「ドイツ的キリスト者」運動を推し進めた。しかし、この運動は、旧約聖書をユダヤ教の正典であるとして排していたため、広くキリスト教徒に支持されることはなかった。

宗教者による抵抗運動は、主にユダヤ人迫害に抗議するためのものだった。数千人のキリスト教各教派の牧師が、マルティン・ニーメラー指導の牧師緊急同盟に参加し、ナチスの民族主義に反対した。ドイツ的キリスト者運動が旧約聖書を禁じ、さらに新約聖書のパウロ書簡も除外しようとする動きが出てくると、同盟に参加する牧師はさらに増えた。

一九三四年には告白教会が結成された。七〇〇〇人の牧師が参加し、一九三四年五月に第一回全国告白教会総会が開かれた。キリスト教神学者ディートリッヒ・ボンヘッファーは告白教会の創立者のひとりである。彼は説教や著作を通してナチスを批判し、ユダヤ人の亡命を援助した。またベックやカナリスといった軍の反ヒトラー派と接触し、ヴァルキューレ作戦にも関わった。そのためゲシュタポに逮捕されてフロッセンビュルク強制収容所に送られ、一九四五年四月九日に処刑された。

告白教会の抵抗運動は、ナチスにとってたいした脅威ではなかったのだが、ナチスに少なからぬ影響を与えた人物も存在する。クレメンス・フォン・ガレン司教はそのひとりだ。司教は一九四一年にミュンスターで行った説教で、ナチスによる精神障害者殺害を批判した。これを受けてヒトラーは精神障害者に対する殺害を、止めずとも公然とは行わなくなった。

しかしフォン・ガレン司教は例外的な存在である。ナチスはたとえキリスト教徒でも、反逆した者は強制収容所に送るなど、ためらうことなく制裁を加えた。そのためキリスト教徒の多くはわが身と家族を守るため批判を口にしなかった。ナチスに追従し、ユダヤ人政策にも積極的に協力したキリスト教組織も少なくなかった。ポーランド占領の際は、ナチスによってポーランドのカトリック神父たちが処刑されたことを知りながら、ドイツの司教らは戦勝を祝った。一九三五年、フルダで行われた司教会議では「政権へのあらゆる反逆行為を拒絶し、自身の政治的行為を慎み、共産主義には断固として抵抗する」ことが決定されている。司教らのこうした姿勢もあって、キリスト教徒の間から大きな抵抗運動が生まれることはなかった。

ローマ教皇ピウス12世。1933年の政教条約締結の際は、ピウス11世の助言者となった。1939年に教皇に選出されるが、ナチスの残虐行為については沈黙したままだった

以上、ナチス・ドイツ期の抵抗運動について見てきたが、おそらくこの他にも、いまやわたしたちには知り得ない、名もなき抵抗運動が存在していたに違いない。ただここで指摘しておかなければならないのは、抵抗運動を行ったのは国民の一部であり、その他大多数の国民はナチスに従っていたということである。ナチスの非道を十分に知っている者でも、その多くが従っていたのである。国民はナチスによる巧みなプロパガンダと恐怖のもとに生きていたのだから、そのことについて非難めいたことを口にするべきではない。しかしどのような理由であれ、国民がナチスに従ったことが、国を破滅へ追いやった大きな一因であると言わなければならないだろう。

第三章 芸術文化とプロパガンダ

ナチス・ドイツ期、芸術文化はプロパガンダの道具として利用されるようになった。そして輝かしいヴァイマル文化の担い手だった芸術家や文化人は、亡命、あるいはナチスの意に沿う作品作りを余儀なくされた。

一九一八年の第一次世界大戦終結後、ドイツの芸術文化の世界は大きく変化した。その理由のひとつはドイツ帝国の崩壊である。一九一八年以前のドイツ帝国では、皇帝の保護のもとに製作される貴族趣味の芸術文化作品が主流だった。ところが一九一八年一一月、ヴィルヘルム二世がオランダへ亡命すると「宮廷文化」の枠をこえた新しい芸術文化を模索する動きが起こってくる。変化を促したもうひとつの理由は、第一次世界大戦である。戦争中、人びとは数多くの強烈な光景を目にし、激しい音を耳にし、人間のさまざまな感情のひだに触れた。四年間にわたり戦時独特の強い刺激を受け続けた人びとは、革新的な表現を積極的に試みるなど、かつてないダイナミックな創作活動を行うように

ヴァルター・グロピウス設計の建物。グロピウスはモダニズムを代表する建築家で、美術・建築学校バウハウスを設立した

なった。

そうして花開いたのがヴァイマル文化である。ヴァイマル文化期、ドイツは多彩な才能を輩出した。作曲家のアーノルト・シェーンベルク、クルト・ワイル、ハンス・アイスラー、劇作家のベルトルト・ブレヒト、小説家のエーリッヒ・ケストナー、マリア・レマルク、一九二九年にノーベル文学賞を受賞したトーマス・マン、ハインリヒ・マン。まったく新しい歴史観を展開した歴史学者エッカート・ケーア、感情豊かな彫刻や絵画を制作し、女性で初めてプロイセン芸術院の会員に選ばれたケーテ・コルヴィッツ、美しい家具調度をデザインしたマルセル・ブロイヤー、バウハウスの洗練された校舎を設計した建築家ヴァルター・グロピウス。建築家のミース・ファン・デル・ローエ（一九二六年に彼が制作し

退廃芸術展。1936年3月4日にミュンヘンで始まり、1937年夏からドイツ各都市を巡回した。芸術に触れることのできる数少ない機会であり、多くの国民を集めた

【左上】退廃芸術展を訪れた国民啓蒙・宣伝相ヨーゼフ・ゲッベルス（左から2番目）。1938年2月27日、ベルリン

【左下】コンサートに出席したヒトラー。演奏されるのは、ヒトラーが好むリヒャルト・ワーグナーやカール・オルフなどの伝統的な曲だった。1930年代

ベルリンに建てられた、ドイツ共産党の前身スパルタクス団のカール・リープクネヒトとローザ・ルクセンブルクの記念碑をナチスは嫌っていた)、『死神の谷』(一九二一)などの作品で知られる映画監督フリッツ・ラング。こうした芸術家や文化人が、伝統や旧来の価値観にとらわれることなく、斬新な活動を展開した。そしてドイツはヨーロッパ芸術文化の中心となっていった。

ところがナチス政権が誕生すると、その盛んな創作活動に終止符が打たれた。ヒトラーはヴァイマル文化を「がらくた文化」と軽蔑し、作品の取り締まりや活動の規制を始めた。ヒトラーやナチス幹部は芸術作品では伝統的様式のものを好み、モダニズムや前衛派、表現主義派、キュービズムなどの近代芸術作品を理解しなかった。そのため、彼らの目から見て伝統的様式にはずれていると判断した作品を、画廊や美術館から撤去した。また劇場やコンサートホールで無調の音楽を演奏することを禁止した。ただし、撤去された作品も「退廃芸術」の展覧会のときだけは例外的に国民の目に触れることになった。この展覧会は、ヴァイマル文化が心身の「異常」な者たちにより生み出された「無秩序」な文化であること、ナチスがそうした文化からドイツを救い出したのだということを、国民に知らしめるために開かれるものだった。一九三八年には「退廃音楽」の催しが開かれ、「野蛮」なジャズや「未発達の精神」から生まれた前衛派管弦楽曲が演奏された。

■退廃芸術

一九三七年、およそ七〇〇点の近代芸術作品の展覧会が、ミュンヘン大学付属の考古学

【左】ゲルハルト・カイル作『体操選手』ナチスが理想とするドイツ男性の肉体が描かれている。1939年

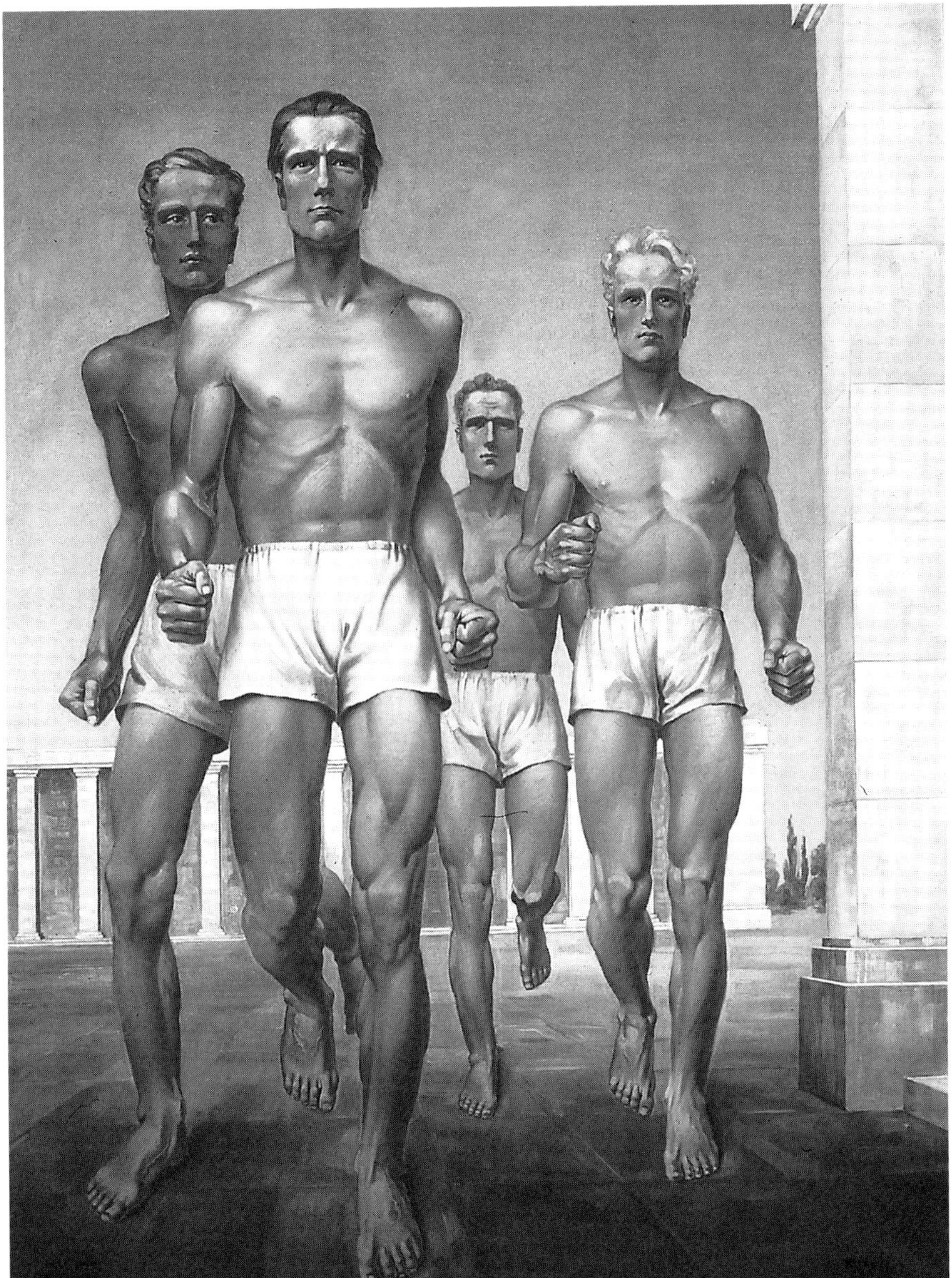

研究所で行われた。この展覧会のパンフレットには主要な作品の写真が載り、その横に精神障害者の絵が描かれていた。ナチスはその絵によって、近代芸術作品が「病んだ」精神から生まれたものであるということを示し、そうした作品をナチスが一掃したことを国民に認識させようとした。ナチスが思惑どおりに来場した国民の心を操作できたかどうかは分からない。この展覧会には二〇〇万もの人が訪れており、純粋に作品を鑑賞しただけの者も少なくないだろう。またナチスは五〇〇〇点にのぼる「非ドイツ的」絵画を、見せしめとしてベルリン消防署の前で焼き払った。

　自分たちの趣味に合わない芸術文化作品を破壊すると同時に、ナチスはふたつの大きな基準を設け、その基準に沿って芸術家や文化人、その作品を追

ベルリンに建つオリンピック・スタジアムの外観。ナチスはモダニズム建築を否定し、とくに大建築物には新古典主義様式を多く取り入れた

オリンピック・スタジアムの内部。新古典主義様式の外観と比べ、かなり近代的な造りとなっている

大ドイツ芸術展を鑑賞するゲッベルス（左端）、ディーノ・アルフィエーリ伊文化相（白いジャケットの男性）、ガーディ・トルースト（中央女性）とヒトラー。ナチスの思想を反映する作品が集められた。1939年

放、破壊し始めた。

基準のひとつは民族《フェルキッシュ》である。ナチスは、世界の民族の中で「アーリア人」であるドイツ民族こそが最高の民族であると考えていた。そしてドイツ文化を、ユダヤ人をはじめとする他の民族の影響から「解放」しようと考えた。ナチスはまず焚書を行った。ドイツの各都市で、ユダヤ人や「非ドイツ的」人物の著書や原稿を山積みにして燃やした。焚書の対象となった書物のタイトルは一万以上で、ドイツ文学を代表する数々の名著もすべての図書館から消えた。ゲーテやシラーと並ぶドイツの偉大な詩人ハインリヒ・ハイネの詩集も、彼がユダヤ人であったため灰となった。フェリックス・メンデルスゾーンはユダヤ人の血が混じっている作曲家であるとして、音楽学校とオーケストラから彼の楽譜が回収され、燃やされた。こうした状況に、ユダヤ系の芸術家や文化人の多くが国外へ逃れた。ドイツに踏み留まって活動を続けた者もいたが、彼らの作品を受け入れない雰囲気がドイツ国民の間にも広がり、やがて活動は行き詰まった。

もうひとつの基準は、政治思想である。ヴァイマル文化期に活躍した芸術家や文化人には左派政党の支持者が多かった。ナチスはそうした人物を政敵と見なし、彼らの活動を「文化ボルシェヴィズム」と呼び、「非ドイツ的」だと攻撃した。その結果、ベルトルト・ブレヒトやクルト・ワイル、トーマス・マン、ハインリヒ・マンなどの多くの才能が、理不尽な非難や処分に耐えかねてドイツから出て行った。ドイツに残った者はナチスによる誹謗中傷にさら

ミュンヘンのケーニヒスプラッツ（王の広場）。1923年のビヤホール一揆で命を落とした16名のナチス党員のために、1935年ふたつの「聖殿」が建設された

エミール・シャイベ作『前線のヒトラー』ドイツ兵士が凛々しく堂々とした姿に描かれている。この絵から戦争の過酷さを感じることはできない

され続けた。また文化団体から除名され、作品を発表する場も奪われたため、多くが活動を断念した。

ナチスはドイツの芸術文化世界から「有害」な要素を取り除く政策を推し進めた。その一方で、ナチスの思想に沿った活動が行われるよう監督し、芸術文化世界をナチスの理想の姿に「調整」するための各種機関を設立した。

■国家文化院

国家文化院はそうした機関のひとつである。文学、メディア、ラジオ、演劇、音楽、視覚芸術、映画の七部門に分かれ、それぞれの分野において監督を行った。とくに政治面からの指導に力を入れ、ナチスの政治思想を反映するような活動を求めた。

ドイツ民族の優秀さを示す作品作りも奨励した。例えばナチス・ドイツ期は、ドイ

ニュルンベルク党大会。夜の党大会は松明行進などが神秘的な雰囲気を生み出し、参加者を陶酔させた

ツ男性の彫像や銅像が多数制作されたが、それらはどれもすばらしい肉体美を表現していた。そして、それに古代ギリシアのヘレニズム様式を取り入れることで、アレクサンドロス大王やカエサルといった古代の英雄とドイツ男性を重ね合わせようとした。また、闘争や戦争は国家発展のための重要な原動力であると考えるヒトラーは、戦いを美化するような作品を望んだ。例えば第一次世界大戦に関する文学作品では、戦争によってもたらされる苦しみや死、破壊についての描写は禁じられた。作品に描かれるのは、ドイツ兵士の戦場におけるたくましい勇姿、気高く英雄的な行為だった。

絵画では、農村風景が盛んに描かれた。ナチスは「血と土」の思想を基礎にした民族共同体の建設によって、ドイツに幸福がもたらされると信じていた。「血」は民族、「土」は国土を意味している。そしてナチスは、ドイツ民族の中でもとくにドイツ農民とドイツ国土との結びつきを重んじ、尊んだ。絵画には、いかにも幸福そうに男が土を耕し、女が家族の世話をする農家の姿が描かれた。ナチスはドイツ国土を神聖なものとし、その国土と結びついて生を営む農民を賛美し、「血と土」が結びついた農村を民族共同体の理想の姿とした。

またナチスは、建築物によってナチス・ドイツの偉大さを示そうとした。その代表的な例は、ニュルンベルクに建設された、ナチス党大会のための壮大な施設群である。またヒトラーは、ベルリンを世界の首都としてふさわしい姿に改造する「ゲルマニア計画」を打ち立てた。この計画では、古代ローマに並ぶような都市をめざし、新古典主義様式を基調とした壮麗な建物が数多く建設される予定だった。例えば、ヴァティカンのサンピエトロ大聖堂を手本にしながら、面積ではその一六倍、ドームの高さは二九〇メートルという威容の公会堂の建設が計画されていた。もしも建設が実現していたら、ナチス・ドイツの栄光と不滅を象徴するような存在になっていたのだろう。

映画（下）やラジオは一般国民にナチスの思想を広めるために利用された

■創造性の喪失

ドイツの芸術文化は、退屈なものになった。文学も彫刻も建築も絵画もすべて型に嵌めこまれ、個性と創造性が失われた。しかしその一方で、ナチス・ドイツ期に大きく発展した分野もあった。それは放送メディアである。ナチスは、すみやかな情報伝達が可能なラジオやテレビ、映画に早くから目をつけ、その開発や普及に力を入れた。

なかでも重視したのはラジオである。ナチスは政権に就くと帝国放送協会を国営化し、ラジオによるプロパガンダ放送を開始した。しかし当時ラジオはまだそれほど普及してはいなかった。そこで工場や公共の場所に拡声器を設置し、放送が多数の国民の耳に届くような環境を整えた。宣伝省のヨーゼフ・ゲッベルスはラジオのことを「最先端大衆感化装置」と表現したが、その普及をめざし、廉価なラジオ受信機の開発に乗り出した。そして生まれたのが「国民ラジオ三〇一型」である。ゲッベルスは、ナチスが政権に就いた一九三三年一月三〇日という日付が国民の記憶に残るよう三〇一型と名づけた。ラジオ受信機は、スイッチが切れている間もプロパガンダ装置として働いていたわけである。開発が進んで価格が三五ライヒスマルクにまで下がるとさらに普及が進み、ラジオ受信機を所有する世帯は、一〇年と経たないうちに四〇〇万世帯から一六〇〇万世帯にまで増加し、広く一般に向けた絶え間ないプロパガンダが可能になった。

■テレビ

ラジオ同様、テレビ放送の分野でもナチスは先駆者である。一九三五年、ドイツ・テレビ放送局がイギリスやアメリカに一年先がけて、世界初となる一般向けの定期放送を開始した。まずはベルリンの公共テレビ室において放送が開始された。定期放送の一番の目的はもちろんプロパガンダ放送を行うためだったが、音楽や料理、園芸、主婦向けの番組など娯楽番組も放送された。その後設備や放送技術の向上とともに番組内容も広がり、ドラマやニュース番組、さらにベルリン・オリンピックやヨーロッパ・ボクシング選手権のようなスポーツ大会の中継も行われるようになった。英国放送協会（ＢＢＣ）は戦争が始まるとテレビ放

開催中のベルリン・オリンピックの上空からの眺め。レニー・リーフェンシュタール監督作品『オリンピア』はナチスの全面協力のもとに撮影された。1936 年

送を休止したが、ドイツは一九四四年まで放送を続け、その過程で技術革新も進んだ。

映画の振興にも力を入れた。ゲッベルスは、映画は「感情を動かし、理性を止める」ものであると述べている。映画製作にも多額の資金が投入され、ナチス・ドイツ期に制作された長編映画は一〇九四本に上る。施設整備にも大きな予算がつけられ、一九三三年には五〇七一館だった映画館が、一九四二年には七〇四二館に増加している。入館者数も、延べ二億四五〇〇万人から一〇億人にまで伸びた。

■長編映画

映画は国民に人気があったため、プロパガンダの媒体として有効だった。しかしナチスは、国民は純粋に映画を楽しむ

『サン・スーシのダンサー』を上映中の映画館。出演する名女優リル・ダゴファーは気軽な楽しい作品で活躍した

『ユダヤ人ジュース』の主人公。監督ファイト・ハーランは人道に対する罪で起訴されたが、1949年4月無罪となった

ために映画館に足を運んでいること、プロパガンダのために制作された映画など望んでおらず、そうした映画では国民が映画から離れてしまうであろうことを理解していた。そのためあからさまなプロパガンダは行わず、映画上映の前に流すニュース映画にナチスの思想を少々織りこむ程度にとどめた。ナチス・ドイツ期に制作された一〇九四本の映画のうち、九四一本はコメディやミュージカル、探偵もの、冒険ものだった。こうした映画にも、ナチスの思想が盛りこまれる場合もあったが、潜在意識に訴える程度にとどめられていたため、国民は純粋に映画を楽しむことができた。

ナチス・ドイツ期の映画は大衆娯楽作品が主だが、映画史に名を残すような上質な作品も生まれている。代表的なものとして、レニー・リーフェンシュタールのふたつの作品が挙げられる。ひとつは、一九三四年に開かれたニュルンベルク党大会の記録映画『意志の勝利』である。ナチスの団結を強調した迫力ある映像は、国民と世界にドイツの新しい指導者たるナチスの力を印象づけた。もうひとつは一九三六年のベルリン・オリンピックを記録した二部作映画『オリンピア』である。この映画は巧みなカメラ使い、光と影の演出、引き込まれるような映像美で、今もなお多くの映画制作者たちを魅了している。その一方で『永遠のユダヤ人』『ロスチャイルド』『ユダヤ人ジュース』といった悪質な

『ユダヤ人ジュース』の一場面。クリスティナ・ゼーダーバウム（左）はブロンドに青い瞳を持つナチス・ドイツ期の人気女優で、ファイト・ハーランの妻でもあった。この映画出演によって戦後罪に問われたが、判決は無罪だった

作品も現れた。とりわけ『ユダヤ人ジュース』は悪名高く、主人公のユダヤ人金貸しヨーゼフ・ジュース・オッペンハイマーを、ユダヤ人の典型としてたいへん悪辣に描いている。ナチスはこの映画を親衛隊に見せてユダヤ人への憎悪を誘い、それから東ヨーロッパでのユダヤ人殺害の任務にあたらせていた。そのためこの映画はユダヤ人虐殺を引き起こした要因のひとつと見なされ、監督のファイト・ハーランは戦後、人道に対する罪で起訴された。判決は無罪だったが、その後数年間は監督業を行うことは難しかった。

　ナチスは、芸術文化を犯罪に利用していた。それは芸術文化に対する冒瀆《ぼうとく》である。一九三三

年、ゲッベルスは「我々は、芸術文化を規制したいのではなく、ただその発展を望んでいるのである」と言った。そしてナチスは書物を燃やし、芸術家や文化人を弾圧し、個性と創造性を潰した。ドイツの芸術文化は、ナチスの思想を表現するだけのものとなり、その輝きを失った。作家スーザン・ソンタグは、ファシズム芸術とは「権力への服従を尊び、愚かさをたたえ、死を美化する」ものであると述べている。そうだとすれば、ナチス・ドイツ期に生まれた芸術文化作品に見るべきものがほとんど存在しないのも、『ユダヤ人ジュース』のような人を殺人へと駆り立てる作品が生み出されたのも、しごく当然のことだと言える。作曲家エルネスト・ブロッホは、ナチスが芸術文化に対して行ったことはミダス王が行ったことと反対である、と語っている。ギリシア神話のミダス王は、手に触れるものをみな黄金に変えた。そしてナチスは、その手に触れる芸術文化をみな汚し、貶めたのである。

第四章
青少年

ナチスは学校の授業やヒトラー・ユーゲントの活動を通して、青少年の教化に力を注いだ。そして青少年は忠実なナチス支持者へと育っていった。

ヒトラーは青少年をたいへん重視していた。その理由のひとつは、「支配民族」であるドイツの青少年を鍛え上げて「神人」を創り出し、その半神からなる「新ドイツ」を建設したいと思っていたからである。ヒトラーは、「神人」を創るには、若く元気で素直な青少年がもっともふさわしいと考えていた。

ヒトラーが青少年を重視したのは、ナチスへの忠実な支持者を求めたからでもある。若いうちに熱心な国家社会主義者になった者は、大人になってもその思想を変えることはないというのがヒトラーの考えだった。一九三三年一一月六日、ヒトラーはこう演説している。「もしもある人物が『わたしはあなたの側にはつきませんよ』と言ったら、わたしは穏やかに答えるだろう。『あなたのお子さんはもうわたしたちの側にいますよ……あなたは我々のほうに来ないかもしれない。しかしあなたの子

ヒトラーとドイツ少年団の団員。10 歳から 14 歳までの男子で構成されるヒトラー・ユーゲントの一組織。軍隊風の制服を着用している。1935 年

はもう我々の新しい仲間です。これからは我々とともに歩んでいくでしょう』」

ヒトラーのめざす、生存圏《レーベンスラウム》の拡大においても、青少年は大切な存在だった。ヒトラーは、ドイツ民族の生存と発展のためにはより広い土地が必要であり、その土地は、東ヨーロッパを征服して「劣等民族」であるスラヴ人から奪取すべきであると考えていた。ヒトラーにとって青少年は、その東ヨーロッパを征服するための戦いを担うべき未来の兵士だった。そのためヒトラーは、戦いに備えて青少年の心身を鍛えなければならないと考えていた。一九三五年のニュルンベルク党大会において、ヒトラーはこう語っている。「我々がドイツ青年に求めるものは、過去の人間が求めたものとは違う。我々は、ドイツ青年が、グレイハウンド犬のように俊敏で細く引き締まり、革のように強く、クルップ社の鋼のように頑丈で

やりを投げる青年たち。ナチスは「クルップ社の鋼のように頑丈」な若者を育てるためにスポーツを推進した

あることを望むのである」。こうした特性は突撃隊が備え持つものであり、ヒトラーはそれをすべての青少年が身につけることを期待していた。

ナチスは、青少年を国家社会主義者と兵士に育てるための体制を整えていった。学校教育では、文化や学問といったものは二の次とし、一九三四年一二月一八日に法律を制定して「国家社会主義の精神のもと、国民と国家に奉仕する人間を育成すること」を教育の第一の目標とした。そして国家社会主義教員連盟を組織し、教員に政治指導を行った。また教科内容を改めた。例えば音楽では、教材にリヒャルト・ワーグナーの論文『音楽におけるユダヤ性』を取り入れ、反ユダヤ主義思想を教えた。国語の授業では戦争に関する書物をもとに教員が軍国主義を唱え、戦争を賛美した。当時の学生のひとりは次のように回顧している。

国語の授業の読み物といえば、大戦ものがほとんどでした。『ヴェルダンの戦い』や『鉄兜団』といったものです。登場する兵士たちは戦争の恐怖などものともせず、一丸となって戦い抜きます。そして戦死した兵士には必ず鉄十字勲章が授与されました。

ニュルンベルク党大会で熱狂的にヒトラーを迎えるヒトラー・ユーゲント。1935年

ナチスは歴史の授業にとくに力を入れた。内務相ヴィルヘルム・フリックは一九三三年五月、歴史教育は重要であり、歴史を教えるにあたっては特別の注意を払う必要があると述べている。ナチスは歴史に独自の解釈を施して生徒に教えた。例えば、この世にドイツ民族ほど優秀な民族はいないが、その優秀で

偉大なドイツ民族に災いをもたらそうとする悪魔のような者たちが歴史上常に存在したと教えた。そしてその悪魔とは共産主義者やユダヤ人であるとした。このように教えることで、ナチスが実行している迫害や弾圧を正当化しようとした。

■過去と現在の英雄

またしばしば歴史上の英雄を取り上げ、その英雄とヒトラーを結びつけた。悪魔のしわざでドイツ民族が危機に陥ると、必ず英雄が現れて悪魔を撃退し、ドイツ民族を新たな栄光へと導いたとし、カール大帝やフリードリヒ大王、ビスマルクなどをその英雄として称えた。そして、ヴァイマル共和政期の混乱から政治経済を立て直し、ドイツを破滅から救ったのはヒトラーであると

ベルト給弾式空冷機銃の発射訓練を、耳を塞いで見学するヒトラー・ユーゲント。ナチスは将来の兵役に備え、青少年のうちから各種武器に触れさせた

行進するヒトラー・ユーゲント。ヒトラー・ユーゲントでは野外活動が盛んに行われた

学校の教室の風景。教員は「正しい」教育を行うための訓練を１ヵ月間受けることが義務づけられた。1930年代

し、ヒトラーは現代のカール大帝でありフリードリヒ大王であると教えた。

　ナチスは学校の外でも、ヒトラー・ユーゲントを通じて青少年の育成に努めた。もともと党組織だったヒトラー・ユーゲントは、ナチスが政権に就くと国家の公式な青少年組織となり、一九三三年六月一七日「永遠の少年」バルドゥール・フォン・シーラッハがドイツ帝国青少年指導者に任じられた。ヒトラー・ユーゲントは大きく四つの団体で構成される。ふたつは女子の団体で、ドイツ少女団（一〇歳から一四歳まで）と、ドイツ女子青年団（一四歳から一八歳まで）である。残るふたつが男子の団体で、ドイツ少年団（一〇歳から一四歳まで）と、ヒトラー・ユーゲント（一四歳から一八歳まで）である。

バルドゥール・フォン・シーラッハ。1933 年から 1940 年までのヒトラー・ユーゲント指導者。ヒトラーの著書『我が闘争』を一夜で読破したといわれている。また彼の妻はかつてヒトラーの愛人だったともいわれる

　当初組織への参加は任意だった。シーラッハも「我々はヒトラー・ユーゲントへの加入を強制しない」と言っていた。しかし実際には盛んな勧誘が行われた。また、左派の青少年組織が禁止され、同一化《グライヒシャルトゥンク》政策のもとヒトラー・ユーゲントに吸収される青少年組織もあった。カトリック青年団は、

ナチスとヴァティカンとの取り決めにより独立が保障されていたが、その団員にもヒトラー・ユーゲントへ加入するよう圧力がかけられた。また教師がヒトラー・ユーゲントの団員ではない生徒に対し、他の生徒よりも多く宿題を課すような例もあった。それでも加入しない生徒は折檻を受けることもあった。ヒトラー・ユーゲントはさまざまな手段で団員を増やし、ドイツの各種青少年組織を圧倒するようになった。

映画を使った勧誘作戦も展開された。一九三三年に制作された『ヒットラー青年』は代表的なプロパガンダ映画だ。一九三二年一月、ヒトラー・ユーゲントのヘルベルト・ノルクスという一五歳の青年が、ベルリンでナチスの選

サマー・キャンプ中のドイツ女子青年団。ナチスは女性に良き母であり妻であることを求め、政治や軍、警察から締め出した

挙チラシ配布を行っていたとき、共産党員の一団と争いになり殺されるという事件が起こった。映画はこの事件をもとにして製作された。主人公はハイニー・ヴォルケルという名の架空の青年である。ハイニーはベルリンの労働者階級の家に育った。共産党員の父親は働きもせず酒ばかり飲んでいる乱暴者で、一家の暮らしはみじめだった。悲嘆にくれた母親はやがて自殺する。母を失ったハイニーはあるきっかけでヒトラー・ユーゲントに入団し、そこで慰めと仲間と人生の目標を得る。そしてある日、共産党員との争いが起こり、ハイニーは仲間の団員を守るために体を張って戦う。そして「ぼくは御旗のもとに死ぬ」という言葉を残して息を引き取るのである。ひとりの青年がヒトラー・ユーゲントで真の仲間と目標を得、そのために命を捧げる物語

ドイツ少年団への入団申込みのため、両親の許可状を手に順番を待つ少年たち。新規入団者はピムプフと呼ばれ、心身の検査を受けた

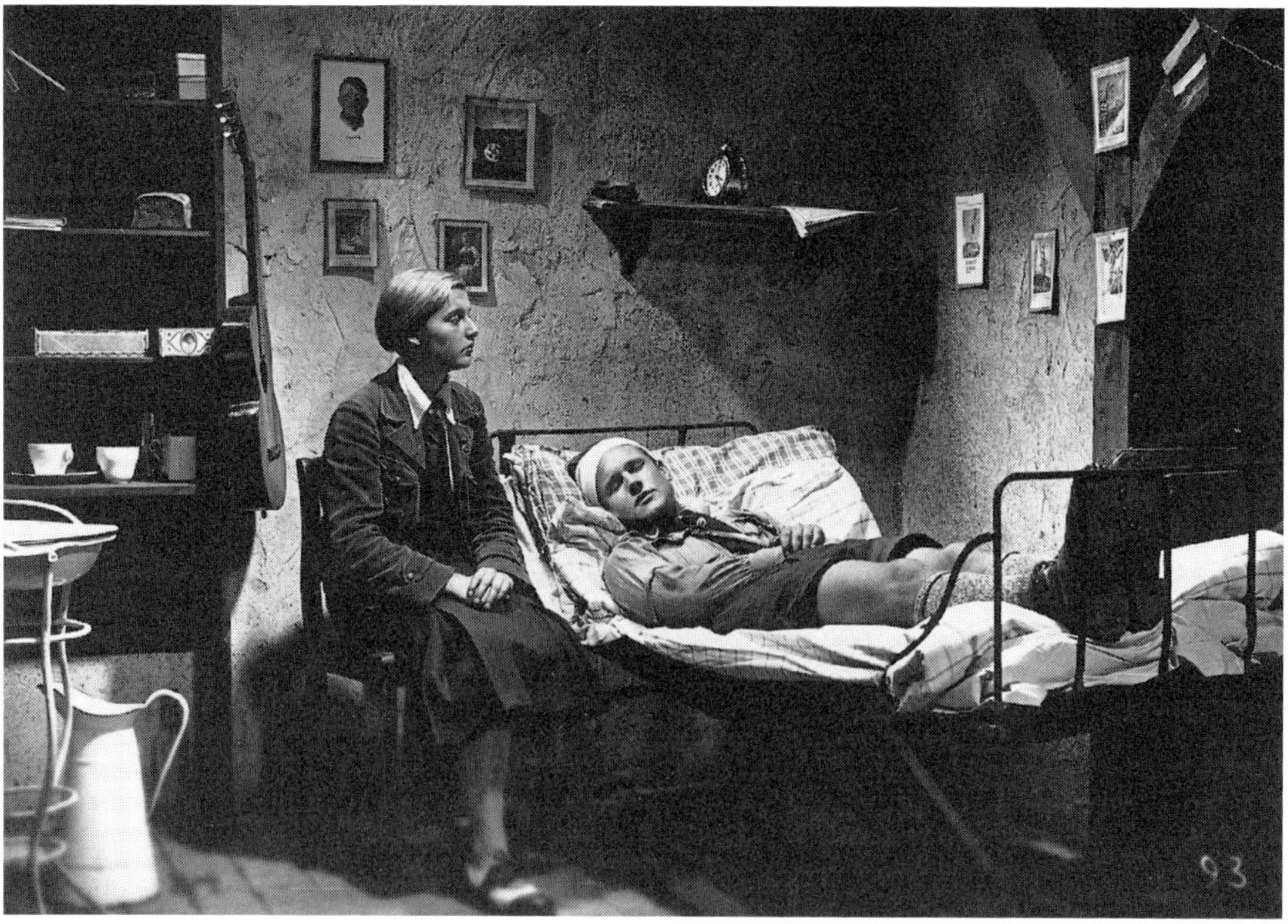

『ヒットラー青年』の一場面。共産党員との争いの後、ベッドに横たわる主人公と付き添うガールフレンド。映画は好評でヒトラー・ユーゲントの団員増加につながった

は、多くの青少年を引きつけた。

こうしたプロパガンダを通じて、青少年はヒトラー・ユーゲントに憧れを抱くようになった。一九三〇年代半ばにドイツを訪れた歴史家スティーヴン・ロバーツは次のように語っている。「子供たちはみなヒトラー・ユーゲントに入りたがっていた。子供に対するなによりも重い罰は、ヒトラー・ユーゲントへの入団を許さないということだった」

団員数は飛躍的に増え、一九三二年一二月時点で一〇万八〇〇〇人だった団員が、一九三三年の末には一気に二三〇万人に増えている。一九三四年末は三六〇万人、一九三五年は四〇〇万人、一九三六年には五四〇万人に達した。そしてこの年には他の青少年組織が禁止となり、ヒトラー・ユーゲントへの参加が法律に

射撃を行うヒトラー・ユーゲント。軍事演習もヒトラー・ユーゲントの活動のひとつで、人気があった

ボクシングの試合をするヒトラー・ユーゲント。身長と体重をもとに対戦相手を決め、順番に試合を行った。ボクシングは、青少年の攻撃性を引き出す目的でしばしば行われた

よって義務づけられ、団員数は最終的に七〇〇万人を超えるに至った。七〇〇万人という青少年をひとつの組織にまとめ上げたことにより、青少年の大々的な教化が可能になった。

青少年は、ヒトラーと国家に対し忠実かつ従順であることが求められた。入団式ではまず、ヒトラー総統への忠誠を誓わなければならなかった。式は厳かで、ヒトラーを崇高な存在として印象づけるような演出がなされた。ナチスの指導手引きには「入団式は厳粛に執り行うことが極めて重要である。そしてすべての青少年の心にすばらしい体験として残る式でなければならない」と記されている。ヒトラーを神聖な指導者として印象づけるための儀式はさまざまな節目で行われた。

ヒトラー・ユーゲントの活動の目的のひとつは、ヒトラーへの忠誠心を育

サマー・キャンプで起床ラッパを鳴らす少年。ドイツの青少年は盛んな野外活動を行っていたため、第二次世界大戦開始時にはヨーロッパのどこの国の青少年よりもたくましく成長していた。1938 年 8 月、ヴェルターゼ

てることだった。そしてもうひとつの目的は、未来の兵士としてたくましく育てることである。そのためナチスは、体を動かす活動を盛んに行った。ヒトラーが好んだボクシングをはじめとするスポーツ、キャンプや遠足といった野外活動などである。一九三五年には、体を使って働くことの尊さを学ばせるために半年間の肉体労働の義務が課せられた。こうした活動によって子供たちは体力を養い、共同作業を行うことで協調性を身につけていった。体力や協調性は、軍隊生活を送るうえで欠かせないものである。また将来の軍隊生活にすぐに馴染めるよう、活動には制服や敬礼、行進、旗、セレモニーといった軍隊に見られる要素が取り入れられ、各地域の団員との交流も行われた。

ヒトラー・ユーゲントの活動には多

アドルフ・ヒトラー学校の建設計画について、ヒトラーに模型で説明するバルドゥール・フォン・シーラッハ（中央）。第二次世界大戦勃発により、計画は実現しなかった。1937年4月

行進するヒトラー・ユーゲント。前列の青年たちには、標語「血と名誉」が彫りこまれた名誉短剣が授与されている。1938 年 9 月

くの青少年が積極的に参加し、熱心に取り組んだ。その理由について、ドイツ女子青年団の幹部だったメリタ・マシュマンはこう書き残している。「とにかく何かを行いたいという若者らしい欲望を満たしてくれたのが、ヒトラー・ユーゲントの盛んな活動でした」。また、ナチスに傾倒し、友だちや家族にナチスのすばらしさを説く青少年もいた。この事実は、ドイツ社会民主党の亡命組織SOPADEが作成した『ドイツに関する報告』から知ることができる。一九三四年六月の報告書にはこう書かれている。

若者たちはヒトラー・ユーゲントの指示に従う。両親に対しては、ナチスを支持すること、マルクス主義や復古主義を捨てること、そしてユダヤ人との交際を止めることを要求する。ナチスへの熱狂を家庭へもたらしているのは若者たちだ。大人ではない……国家社会主義の勢力拡大の秘密は若者にある。

あるドイツ人男性は、一九三〇年代のようすについてこう回想する。「ナチスの教育で学校の子供たちは政治化されていきました。また、いつのまにか軍隊精神が身についていました。何かを命じられると反射的に気をつけの姿勢をとり『イエス・サー』と答えていましたから……そして第二次世界大戦が始まると、自ら砲弾となるべく出征していきました」

MARBO
Die Fahne hoch! Die Reihen dicht geschlossen,
S.A. marschiert mit mutig festem Schritt.
Kam'raden, die Rotfront und Reaktion erschossen,
Marschier'n im Geist in unsern Reihen mit.
Mit Genehmigung der Horst Wessel'schen Erben.

ナチスが制作した子供向けの詩歌。幼い子供も教化の対象だった。子供が制服姿でナチスの旗を掲げ、おもちゃの武器を持っている

「血と土」の行事（左）とマリエンベルクでドイツ騎士団を讃える催し（右）に参加するヒトラー・ユーゲント。青少年のころから思想教化が行われた

ナチスは、党と国家に忠実な青少年を育てることに成功した。しかしここで、ナチスの思惑どおりにならなかった青少年たちのことも取り上げておかなければならない。彼らは学校で教えられるナチスの思想にまるで無関心だった。ヒトラー・ユーゲントの活動には参加することはしたが、それは義務だったからである。そして、目をつけられたり罰せられたりしないよう、内心は冷めていても、そうとは見えないように最小限のことは行った。またヒトラー・ユーゲントの統制を嫌い、公然と反抗した青少年もいた。彼らはヒトラー・ユーゲントの活動を拒絶し、禁じられていたにもかかわらず、ヒトラー・ユーゲントからはずれて自分たちのグループを作るようになった。ナチスは、こうした青少年グループにかなり手を焼いていたらしい。

グループのひとつはスウィング・キッ

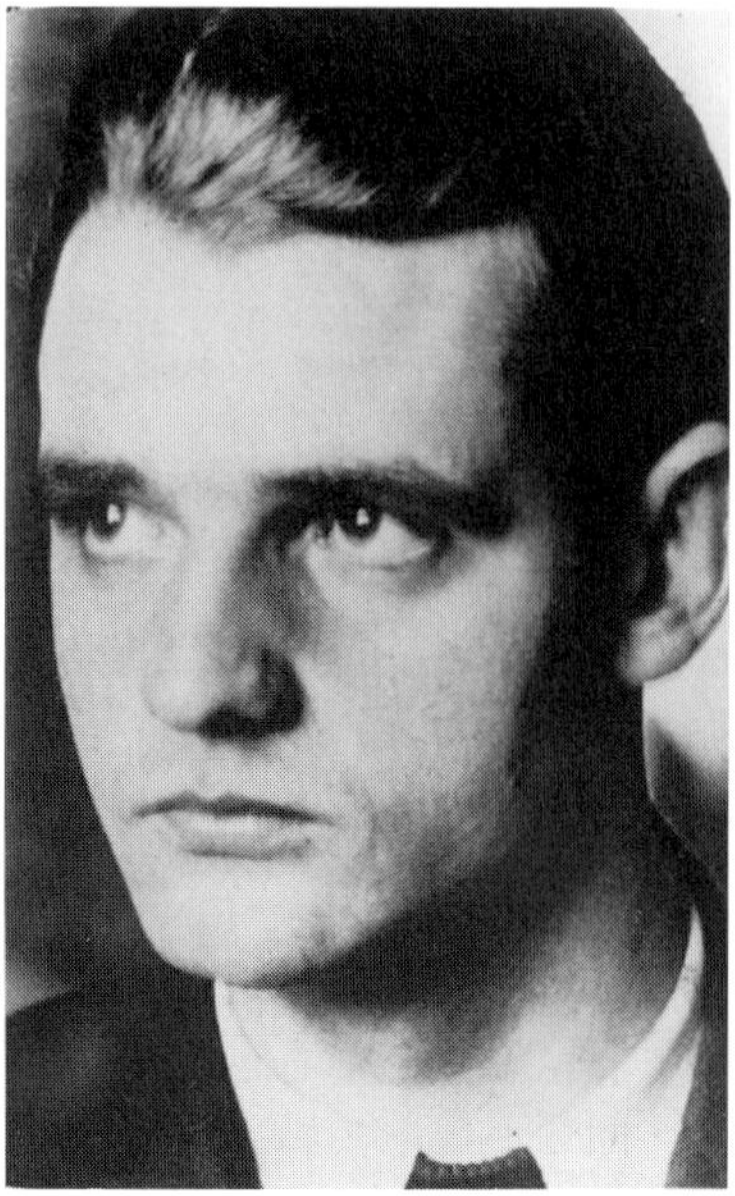

白いバラのリーダー、ゾフィー・ショルとハンス・ショル。ナチスに激しく抵抗し、1943年2月斬首刑に処せられた

ズである。スウィング・ジャズを愛する青少年の集まりで、主に都市部中産階級社会の若者で構成され、ナチスが推奨する「ドイツ的」音楽を拒絶した。スウィング・ジャズは、アメリカ黒人社会から生まれたジャズを基にしているため、ナチスは民族的な観点から問題のある音楽と見なしていた。さらに戦争が始まると、敵国であるアメリカやイギリスの文化を愛好することは「非愛国的」だとした。またスウィング・キッズは、ツイードのジャケットを着たり、小脇にステッキを抱えてみたりとイギリス風の格好を好んだ。そのことにもナチスは我慢がならず、幹部の間には彼らを厳しく取り締まるべきだとする意見が強まった。ハインリヒ・ヒムラーは、スウィング・キッズのリーダーを強制収容所に入れて厳しい指導と鞭打ちを行い、社会の規範に従うように矯正しなければならないと主張した。「彼らの不良行為を根絶すべきである。

中途半端は許されない……徹底的に取り締まり、イギリス風を好むなどという悪しき風潮を正さなければならない」

スウィング・ジャズを好むだけで強制収容所送りになりかねない環境のなかで、より攻撃的に反抗したグループも各地に存在した。一五〇〇名ほどのメンバーからなるライプツィヒのモイテン、ミュンヘンのブラーゼン、ハレのプロレタリア隊などである。主に労働者階級社会の青少年で構成され、ヒトラー・ユーゲントを襲撃することもあった。これらのグループは、社会民主党系および共産党系の青少年組織が事実上復活したものであり、ナチスの一元化政策に反発し、その独自性を保とうとした。

白いバラはさらに攻撃的だった。

戦うことなくアメリカ軍に投降したヒトラー・ユーゲント。自分の制服が燃やされるのを眺めている。すべての青少年がナチスに忠実だったわけではない。1945年4月、クロナッハ

ベルリンの戦いで捕虜となったヒトラー・ユーゲント。彼らは幸運な方である。大戦末期、ソ連軍を中心とする連合国軍の侵攻を阻止すべく多くの青少年が出征し、死んでいった。1945年5月

ミュンヘンの大学生らで作る白いバラは、ナチスを「けだもの」や「犯罪者」と表現し、ビラを作成してナチスが行っている弾圧と侵略、ユダヤ人やポーランド人の虐殺を批判した。第二号のビラは次のように始まっている。「国家社会主義を受け入れることはできない。なぜならそれが矛盾しているからだ。国家社会主義の理念を語ることはできない。語るとすれば、その矛盾を繕いながら語るしかない。それが国家社会主義の実態だ。国家社会主義は、その運動がすぐに矛盾をきたすから嘘をつく。その時点でもうすでに芯まで腐っているが、それでも運動を続けるために、嘘に嘘を重ねていく」。こうしたナチスへの痛烈な批判の結果、メンバーは逮捕され、拷問にかけられたのち斬首刑に処せられた。

エーデルヴァイス海賊団は、チェック柄のシャツを着て、襟元にエーデルワイスのバッジをつけ、「非ドイツ的」な音楽やダンスを楽しみ、反ナチスの歌も作った。街中や地下道に「ヒトラーを倒せ」などと落書きをし、ときにはヒトラー・ユーゲントやナチス党員を襲い、暴行を加えた。そのあからさまな反抗行為はナチスをいらだたせた。ナチスはやがて取り締まりに乗り出し、厳しい罰を与えていった。ケルンでは一九四四年一一月に一六歳の青年を含む数名を絞首刑に処した。

ナチスによる教化で、多くの青少年が忠実な国家社会主義者となった。そして戦争が始まると、ナチスを信じて自ら戦場へ向かい死んでいった。一方、ナチスに抗った青少年にもまた弾圧や死が待っていた。ナチス・ドイツ期には、こうして数多くの青少年の命が失われていったのである。

第五章

女性

ナチスは、政界と軍および公職から女性を排除した。そして「子供・教会・台所」という標語を掲げ、良き母、良き妻、良きナチスの支援者であることを求めた。

ナチスはさまざまな物事について独特な考え方を持っていた。例えば民族についてなら、ユダヤ人やジプシー、スラヴ人などを「クズ野郎」と呼び、アーリア人であるドイツ民族より劣っていると考えた。男性と女性の関係についても独自の見方をした。ヒトラーは一九三四年、ナチスの女性団体を前に次のように語っている。「女性が男性の世

第一次世界大戦時の避難壕のドイツ兵士。兵士は退役後も、戦友と集まっては男だけの気晴らしの時間を楽しんだ

界に踏み入るべきではない。それは正しいことではない。男性と女性は別々の世界に居ることが自然なのである」

ヒトラーは、公的な場や政治の場は男性の領域であり、私的な場や家庭は女性の領域であると考えていた。これは一九世紀半ば以前は社会で共有されていた考え方である。ヒトラーは性や結婚、家族についての考えも保守的だった。そのため社会の保守層、とりわけカトリックの世界では教会から個人にいたるまで、ナチスの考え方や政策を支持した。ナチスは党風が男性優越主義的と言えるが、それは、ナチスの初期のころに元兵士の党員が多かったことが理由のひとつだろう。また、ナチスが党から女性を排除したのは、兵士というのが男だけの時間を大切にするところがあったからでもあるだろう。

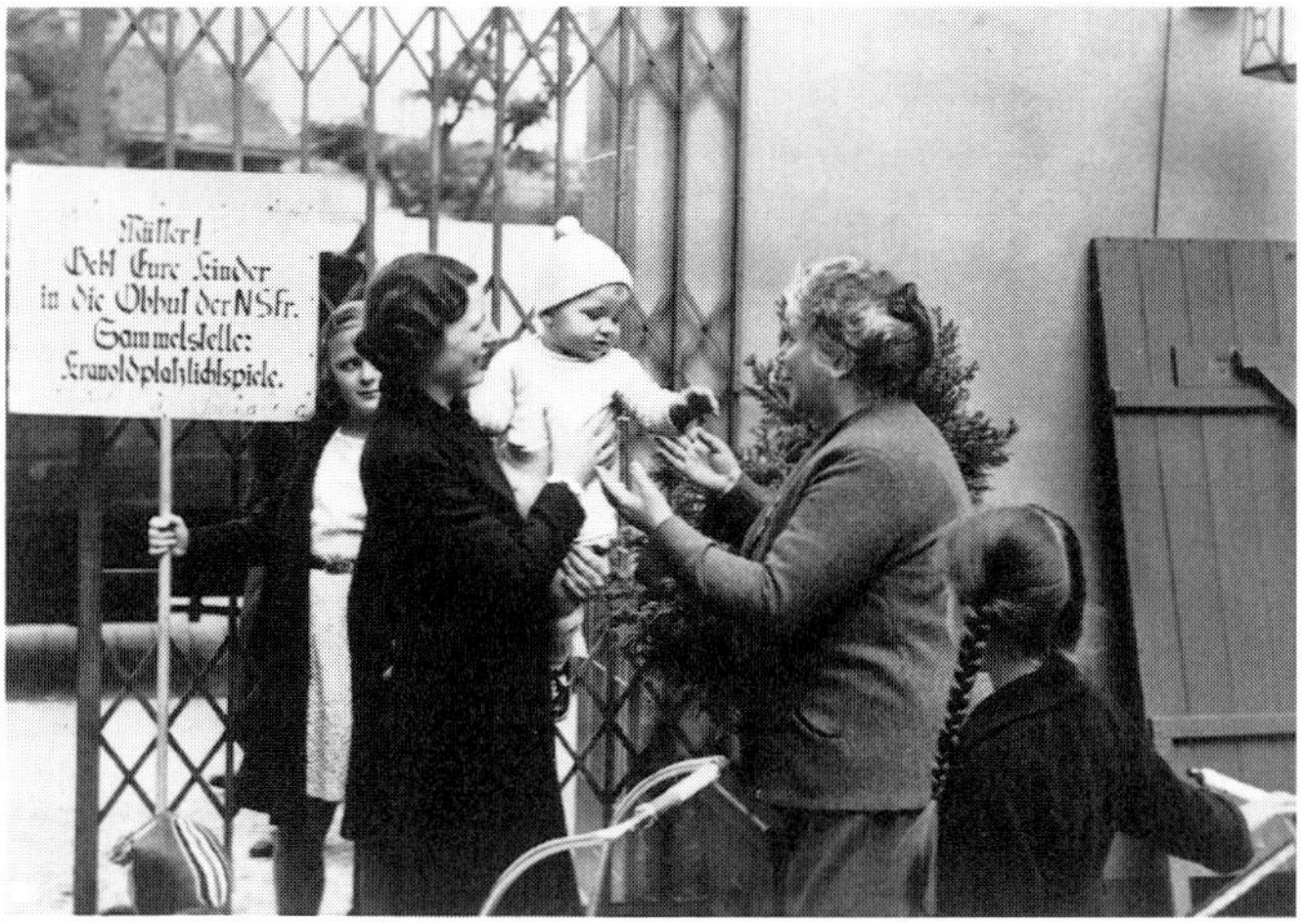

ナチスはなによりもまず子供を産むことを女性に求めた

ナチス・ドイツ期以前のヴァイマル共和政期、女性は参政権を獲得し、高等教育を受け、さまざまな職業に就いていた。そうした「近代的女性」をナチスは認めなかった。教育を受けた女性、夫や子供を蔑ろにして働く女性、ズボンをはき、タバコを吸う女性、売春婦、同性愛者、権利を主張する女性、家事をおろそかにする女性をナチスは嫌った。ヒトラーは演説でこんな見当違いのことも語っている。「『女性の解放』など

母親と子供たち。ヒトラーは大家族を奨励した

というものは、ユダヤのインテリどもが言い出したたわごとである」

■女性政策

ナチスの女性政策は、基本的に、反男女同権主義、反自由主義、家長主義といったものに基づいていた。ヴァイマル共和政期の男女平等をうたう民主的な政策を嫌い、女性の社会進出を否定した。そして女性が果たすべき「真の役割」を説いた。一九三四年の演説でヒトラーはこう述べている。「男性は勇気とともに戦場で戦わなければならない。女性は自己を犠牲にし、苦痛に耐えて戦わなければならない。出産とは戦いである。国民の生存のために行わなければならない戦いである」

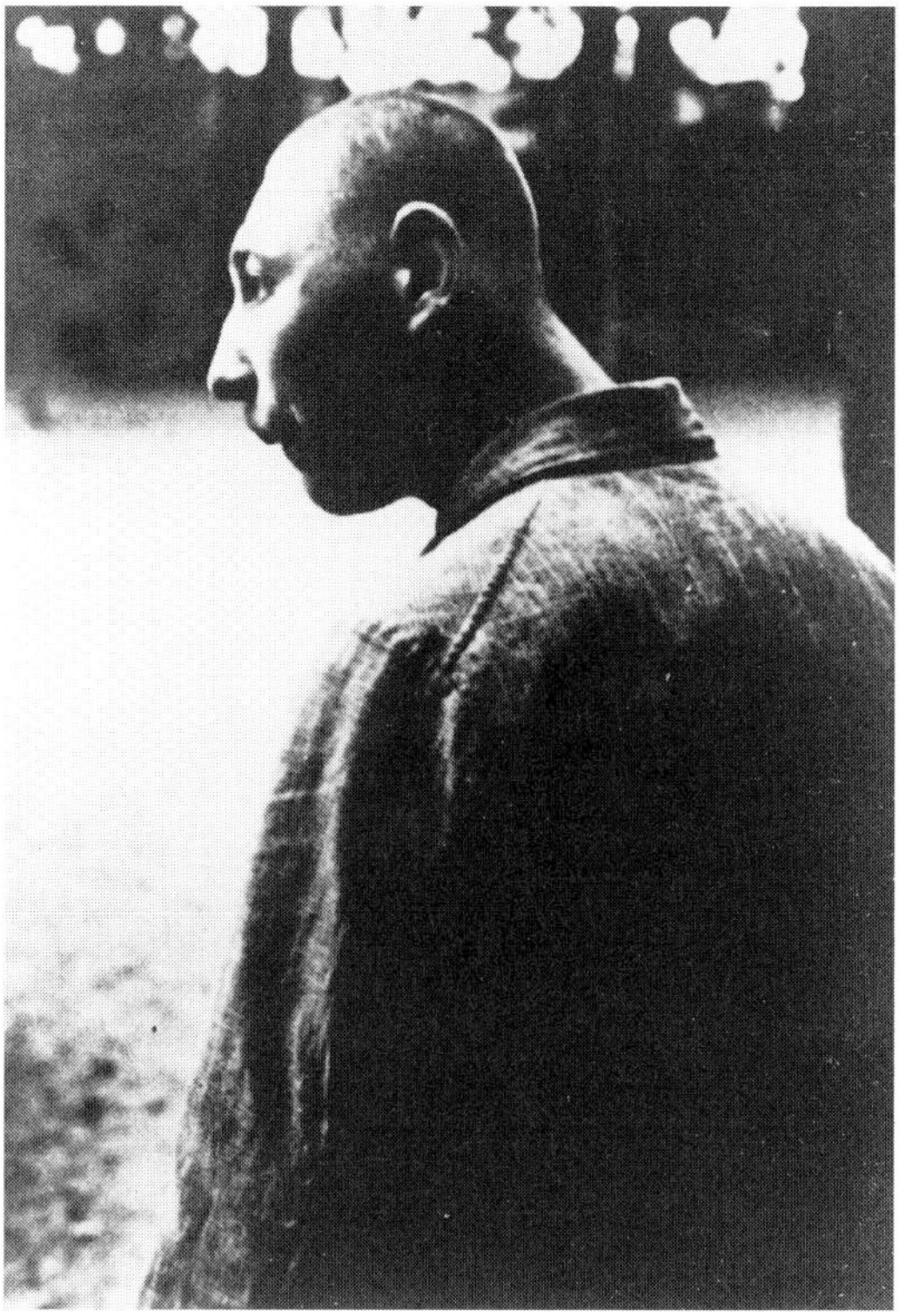

ヒトラーはアーリア系の国民のみの増加を望んだ。非アーリア系や心身障害者などは疎外された

ヒトラーが女性の第一の役割としたのは、子供を産むことだった。ナチスは政権に就くと、出生率の向上を重要課題のひとつとした。当時、ドイツの出生率は減少

傾向にあった。ナチスは、人口減少はドイツの衰退につながるとして非常な危機感を持っていた。また、東ヨーロッパのスラヴ人の人口は増加しており、それを脅威と感じていた。ヴァイマル共和政期は子供はひとりかふたりという家庭が多かったが、ドイツが強い力をつけるためにはもっと子供が必要だった。なお、ナチスは出生率の減少をドイツのみの問題と捉えていたようだが、実際は西ヨーロッパ諸国に共通する社会問題だった。一九一八年以降、都市部を中心に、生活水準を上げるため産む子供の数を抑える女性が増えたからで、とくにフランスやオーストリアはその傾向が強かった。

子供を多く産んだ女性に授与された十字メダル

■出産の促進

ナチスは国家のために子供を産むことを女性に求めた。そして出産は生来女性に課せられた義務であるとした。その考えのもとに人工中絶を禁止し、中絶専門医院を閉鎖した。中絶した女性には罰を与えた。一九三四年から三八年のあいだで見ると、罰せられた女性の数は五〇パーセント増加している。また避妊方法を教えたり、避妊具を配布したりする活動を取り締まった。ドイツのカトリック教

農村のようす。都市工業が活発になると、農村の男性は都市へ働きに出るようになった

会はナチスのこうした対策を支持した。

また、結婚と出産を促すために、一九三三年六月、結婚資金貸付法を制定した。この法律によって結婚する者は無利子で金を借りることができるようになった。また、全額の一パーセントずつを一〇〇ヵ月かけて返済すればよかった。平均貸付額は六〇〇ライヒスマルクで、当時の労働者の平均賃金のおよそ四ヵ月分に相当する。また子供をひとり産むごとに、貸付金の二五パーセント分が返済免除となった。一九三七年までに結婚した男女の三分の一にあたるおよそ七〇万組がこの制度を利用した。また子供を持つ家庭は所得税の減税という恩恵を受けることもできた。一方、独身者や子供を持たない夫婦は増税となった。貸付法の効果もあって、結婚した男女は一九三三年から一年間で、六三万

組から七四万組に増加した。ところが、結婚者の増加は、期待されたほどの人口増加にはつながらなかった。生まれた子供の数は増えたものの、同期間で九七万一一七四人から一一九万八三五〇人になった程度である。当時ドイツの年間死亡者数が七五万人ほどだったから、総人口で見ると、一九三四年の場合、四五万人ほどの増加にとどまる。総人口の増加数が五〇万人を越えたのは一九三八年と一九三九年のみだった。

ナチスは、子供を六人以上産んだ女性を表彰するために金銀銅のメダルを用意した。そして「出産の戦い」を盛んに呼びかけた。しかし女性の大半は、ひとりかふたりの子供を産むにとどまった。また一九三〇年代後半に作成された報告書から、およそ一〇〇万人の女性が未婚で、結婚

レンツブルクの農業学校で乳搾りを学ぶ女性たち。女性は農業において欠かせない労働力となっていった

家族のために料理を作る女性。ナチスの理想とする女性の姿である

しているうち女性でもそのうち五四〇万人は子供を産んでいなかったことが分かる。ヒムラーは「子孫を残す者にのみ、安らかな死が訪れる」と説いたが、女性たちの心には広く届かなかったようである。女性が子供を多く産まなかった理由はさまざまだろうが、ひとつには、たくさんの子供を育てられるような広さの住居がなく、たくさんの子供を養うだけのお金もないという極めて現実的な理由があった。ナチスは、人口増加に対応するための住宅建設をおろそかにしていた。

なお、ナチスが出産を奨励していたのは、アーリア系の女性に対してのみである。そしてユダヤ人やジプシー、心身障害者、遺伝病者、反社会分子が子供を産むことを嫌悪し、心身障害者に対しては断種も行った。この処置について広く国民の合意を得るため、記録映画を作るなどして、心身障害者の増加は恐ろしいことであると喧伝した。国家の「お荷物」の増加を絶つためとして断種手術を強いられた国民の数は男女合わせて三〇万人に上った。また、ナチスが女性に出産を促したのは、女性やその家庭のためではなく、将来の「国家の同志」を生み出すためだった。だから子供を産んだ女性には次の役目として、子供に適切なしつけを施し、ヒトラー・ユーゲントに入団させることを求めた。ナチスに反抗するような子供に育ったら、強制収容所に送ることさえあった。

女性は教室で家事の切り盛りや家計のやり繰りの方法を学んだ。イギリスの花嫁学校に倣った礼儀作法も教わった

ナチスの女性政策を担っていた組織のひとつに、ナチス福祉局（ＮＳＶ）がある。福祉局は、全国二万五〇〇〇ヵ所で「母と子」のための教室を開いていた。この教室にはおよそ一〇〇〇万人の女性が通い、家事や育児について学んでいた。また福祉局は女性に向けて「結婚に関する十か条」を掲げていた。

一　あなたがドイツ女性であることを忘れないこと
二　健康であるなら必ず結婚すること
三　身体を清潔に保つこと
四　心が清らかであること
五　結婚相手にはドイツ男性か北欧系の男性を選ぶこと
六　血統が確かな男性を選ぶこと
七　健康体の男性を選ぶこと
八　愛する男性とのみ結婚すること
九　遊び友だちとしての男性ではなく、結婚相手としての男性を探すこと
一〇　できるかぎりたくさんの子供を産むこと

ナチスの女性政策として、出産奨励のほかに注目されるのは労働制限である。ドイツではヴァイマル共和政期、女性の社会進出が進んだ。社会の工業化と都市化にともない、専業主婦や農家の女性、家族経営の商店で働いていた女性たちが次々に社会へ出て行ったのである。また第一次世界大戦により男性の数が減ったことも、女性の社会進出を促した。大戦後は女性の数のほうがおよそ二〇〇万

人多くなり、未亡人の数も戦前より五〇万人増えた。夫を失い必要に迫られて働きに出る女性も少なくなかった。一九二五年時点で「経済活動」を行っていた女性は一一五〇万人に上っており、このうち四〇〇万人以上が正規雇用者だった。職業もタイピストや秘書、店員、医師、教師、看護婦、映画女優、舞台女優、音楽家などさまざまであり、女性は社会の広い分野で活躍していた。またヴァイマル共和政期は多くの女性が大学で学ぶようになった。一方ナチスは女性が社会に出ることを国家にとって有害と見なし、女性の居るべき場所として、3K（Kind 子供・Kirche 教会・Kuche 台所）を掲げた。また国民も保守的な者は、女性は家庭に居るか、働くとしても、農家や街角の商店といった家族で行う仕事の手伝いをする程度にとどめることが好まし

戦時中、軍需工場で働く女性。健康な男性はほぼすべて軍に召集されたため、女性が軍需品生産を支えた

泥炭を集める女性たち。女性は１年間無償の労働奉仕を行った。エムスラント

いと考えていた。

■働く女性の制限

一九三二年のドイツの失業率の割合は男性が二九パーセント、女性は一一パーセントで、男性の方が高かった。一九三三年、政権に就いたナチスはこの割合を逆転させるためにいくつかの手を打った。ナチスの対策は世の男性の支持を得た。ドイツ男性の女性観は一般的にナチスのそれとたいして変わらず、女性は家庭に居るべきであり、仮に外で働くとしても、福祉の仕事や教師など「女性らしい」仕事にとどめるべきであると考えていたからだ。また働く女性に対し、自分の小遣い稼ぎのために男の仕事を奪っていると嫌味を言う者もいた。ナチスは職業安定所に対し、女性よりも男性へ優先的に

仕事を斡旋するよう指導した。公共の機関には女性を解雇するよう求めた。また、結婚資金貸付制度には「夫に月一二五ライヒスマルク以上の収入がある場合、妻は仕事に就いてはならない」という条件を付けた。

ナチスが女性の社会進出を制限した主な理由は、女性の出産を促進するためだった。女性が家庭に戻れば妊娠する確率も高くなると考えていたからだ。なお、ナチスは夫婦の性交渉について、政府発行の小冊子の中で次のような指導を行っている。

> 性交渉は、子供を産むことを目的とするものでなければならない。それは国家の力を維持するためのものであり、個人の楽しみのためであってはならない。しかし、十分な数の子供を産み、国全体を見ても十分な数の子供が生まれ、国家の存続と拡大が確かなものとなったなら、その時は、性的欲求を満足させるために性交渉を行ってもよいこととする。

働く女性の数は、一九三三年から一九三六年の間で見ると、景気回復の時期でもあるため、四八五万人から五三六万人に増加しているが、労働者全体に占める割合で見ると、二九・三

健康的な娘が農作業を行う姿が描かれた週刊雑誌の表紙。とくに 1939 年以降女性が農村で働くことを賛美するプロパガンダが盛んになった

工場で肉体労働に携わる女性。戦車、航空機、弾丸などの製造にも女性が関わるようになった

パーセントから二四・七パーセントに減少した。一九三八年を見ても二五パーセントにとどまっており、ナチスの政策が一定の効果を上げたことが分かる。また、ナチスが経済政策として力を入れたのが、資本財産業や道路建設、軍需産業だったこと、消費財産業やサービス業は二の次にされて成長が鈍ったことも理由として挙げられる。前者は男性の労働力が必要な分野であり、後者は女性の主要な労働分野である。だから男性の就業率が増す一方、女性の就業率は伸びなかったのである。

■求められる女性労働者

ナチスは女性の社会進出を制限する政策を進めた。しかし一九三六年に入ると、その制限を緩めざるをえない状況が生まれた。軍備拡張と自給自足《アウタルキー》経済の確立をめざす四ヵ年計画によって経済が活況を呈するようになると、労働力が不足し始め、社会が労働力として女性を求めるようになったからである。ナチスは、女性は家庭に居るべきだという考えに変わりはなかったが、やむなく制限を緩和した。

農村も、一九三六年ごろからたいへんな労働力

ヴァイマル共和政期のベルリンの女子大学生。自立した女性はナチスの理想に反していた

レンツブルクの農業学校ではライフル銃の射撃練習も行われた

不足に陥った。若者を中心に多くの男性が工場地帯へ働きに出るようになったからだ。ナチスはその不足を補うため、女性労働奉仕団による奉仕活動を開始した。当初は一〇〇〇人ほどの有志による活動だったが、一九三九年一月からは一年間の農村奉仕が義務づけられ、多くの女性が農村へ赴いて農作業に従事した。また農家の家事や育児もこなして農村女性を助けた。

一九三九年に戦争が始まり徴兵が進むと、労働力不足が深刻化した。ヘルマン・ゲーリングやアルベルト・シュペーアは、軍需工場へもっと女性を動員するべきだと主張した。しかし政権全体としては女性の大幅な動員には消極的だった。そのため女性労働者数はそれほど変化しておらず、一九三九年は一四六〇万人、一九四一年は一四一〇万人、一九四四年九月は一四九〇万人となっている。ナチスは一九四三年に総力戦宣言を行い、一七歳から四五歳までの未婚女性と子供を持たない既婚女性の総動員を開始し、対象年齢は後に五〇歳まで引き上げている。しかし総動員開始後でも女性の労働者数は五〇万人増えたに過ぎない。当時、ドイツの未婚女性はおよそ一〇〇万人、子供を持たない既婚女性がおよそ五四〇万人だったことを考えると少ない数である。その原因のひとつは、女性になにかしらの理由があれば、ナチスが簡単に労働義務を免除したためである。また労働力として動員されることを嫌い、さまざまな理由をつけて免除を受け、動員を逃れる女性も少なくなかった。なお、労働力の不足は、最終的には外国人労働者や奴隷労働者によって補われ、一九四五年までにおよそ七〇〇万人が占領地域から集められている。

ナチスは、女性が農村で働くことについては、反対するよりもむしろ奨励していた。農村へ抱く郷愁と「血と土」の思想から、女性が農村で働くことを自然で好ましいことと考えていたからだ。また自給自足をめざして輸入を制限していたため、労働力を増やして農産物の生産量を上げなければならないという現実的な理由もあり、動員には力を入れた。動員用ポスターには、農作業服を身につけたブロンドの娘が、太陽を浴びて黄金色に輝く麦畑を背景ににっこりと微笑む姿を描いた。しかし、農村の現実はポスターから想像されるようなものからは程遠かった。ナチスは国家再生の基盤のひとつと位置づけていた小規模農家を中心に女性を送りこんだが、小規模農家の農作業は機械化も進んでおらずたいへん厳しかった。ナチスが農村での労働をどれだけ賛美しようと、それで過酷な労働が軽減されるわけではなかった。

動員によって多くの女性たちが農村へ働きに出たが、戦前で見ると、農村の労働を担っていた女性のうち、動員された女性は四分の一程度で、残りは農村の女性たちだった。また、農地面積が二ヘクタール以下の零細農家では、総労働者数の七〇パーセントを農村女性が占めていた。農村の女性たちは農業の重要な担い手だったわけだが、一九三九年の統計では、農村女性の年間総労働時間は三九三三時間、一日にすると平均一〇時間四五分となっている。一方男性は三五四四時間である。工場労働者の場合、平均で女性が二四〇〇時間、男性が二七〇〇時間であるから、農村女性の労働時間が非常に長かったことが分かる。またこの労働時間には、食事の用意や掃除、子供の世話といった家事の時間は含まれていない。このように農村女性の労働は過酷で、若い娘を中心に農村の多くの女性が都会と都会の仕事に憧れていたから、女性労働者の動員を積極的に進めるナチスを農村の男性たちは歓迎した。もともと農村では、一九二八年の農業恐慌以来、ナチスを支持する者が多かった。

■ドイツ少女団

ヒトラー・ユーゲントのリーダー

母の日、十字メダルを授与された初老の女性。ドイツ少女団の少女が花束を渡している。1942年、ベルリン

娘を抱きながらヒトラーに敬礼する母親

のひとりが、管轄する農村地域の女子団員に調査を行ったところ、ひとりの少女をのぞいて、みな都会に出たいと思っていることが分かった。「おおかた映画とかお洒落な服とか、そういうものに憧れているのだろう」とリーダーは軽蔑まじりの感想を残している。これは単なる推測だが、都会へ出たいと思わないと答えた少女というのは、このリーダーの娘だったのかもしれない。

少女たちにとって、農村の暮らしやドイツ少女団の活動はあまり魅力的ではなかったようだ。ドイツ少女団が行うキャンプや小旅行では、家を離れていつもと違う世界を楽しむことができただろうが、それもつかの間のことで、少女たちは満足しなかったのだろう。だから成長すると村を出てしまう者も少なくなかった。

なお、農村の女性は、農業の担い手として期待されていたばかりでなく、たくさんの子供を産み育てることも当然求められていたが、記録を見ると、農村は幼児の死亡率が他の地域に比べて高かったことが分かる。例えば、ポンメルンやバイエルンの農村の幼児の死亡率は、ベルリンよりも高かった。人間が密集する近代都市よりも子供を育てるのが難しいというのが、ナチスの賛美する農村の現実だったのだ。

ナチスが女性に第一に求めたのは子供を産むことだった。妊娠と出産を促進するために女性が働くことを制限し、女性を家庭に帰そうと試みた。また男性優越主義で反男女同権主義だったナチスは、女性が国会議員になることを禁じて政治から排除し、公職に就くことも制限した。

経済の回復や戦争の開始によって、化学工場や電気工場、ゴム工場、軍需工場などに女性を入れざるをえなくなったが、女性は家庭に居るべきだという考えは決して変わらなかった。また大学において

戦時中は物品が不足していたため、女性は不要になったものを持ち寄り交換していた

は一九三三年、女性の入学人数を定員の一〇パーセントまでとすることを決めた。ただ一九三九年からは二〇パーセント以上に引き上げている。ナチス・ドイツ期でも大学教育を受けて、社会で高い地位に就く女性は存在した。ナチスは、女性の社会進出を嫌ってはいたものの、女性が社会で活躍する機会をまったく奪っていたわけでもない。

しかし、政治の世界だけは決して女性に開放しなかった。女性に政治の世界の門を開くことをヒトラーは許さなかった。政治は男性が行うべきものであり、女性はそれに従わなければならないという考えは揺るがなかったのである。

■女性政策の失敗

社会状況の変化により、ナチスは女性政策の方針転換を行った。それによって

国民団結の日、冬の募金のために集まった女性とヒトラー。1937年

女性たちは働く機会や学ぶ機会を得た。しかしその機会はごく限られたものであり、女性に対する縛りはわずかに緩められたに過ぎなかった。また、ユダヤ人女性、ユダヤ人男性と結婚した女性、ジプシーの女性に社会へ出る機会が与えられることはほとんどなかった。また、心身に障害を持つ女性は、子供を産むべきではないとして不妊手術を強いられた。奴隷労働や売春を強要された外国人女性もいた。牛馬同然に働かされた農村女性もいた。

アーリア系のドイツ女性は子供を産むことをまず求められた。しかし、女性たちがナチスの望みどおりに子供を産んだわけではない。そしてナチスは、女性を家庭に帰すという目標を完全に達成することはできなかった。ナチスのめざした女性の「家庭への回帰」は、失敗に終わったのである。

第六章 都市と農村

ナチスの経済政策は都市に大きな雇用を生み出し、都市の生活水準を向上させた。一方農業政策は効果が上がらず、農村は貧しい生活状態が続いた。

ナチス・ドイツ期、都市と農村の生活水準には大きな開きが生じた。ナチスが経済再建策として行った大規模公共事業や軍需産業の振興、輸入に依存しない自給自足経済《アウタルキー》の推進は、都市の生活を潤した。しかしそれは同時に農村への投資の減少を引き起こし、借金と低賃金にあえぐ農業労働者の都市へのさらなる流出を招き、農村を疲弊させた。

■都市の経済

一九三三年から一九三九年までの六年間で、都市の失業者数は六〇〇万人から三〇万九〇〇〇人にまで減少した。また農村から大量の労働者が職を求めて都市に流入した。一九二五年から一九三九年の間で見ると、ドイツの全労働者数は一〇・六パーセント増加しているが、産業別に見ると、工業で七パーセント、小売業と運輸業で合わせて一四パーセント、サービス業は六七パーセントと大幅に増えているのに対し、農業と林業の労働者数は九パーセント近く減少している。一九三四年から一九三九年の間で見ると、一五〇万人の農業労働者が都市へ出て行っている。

ドイツ労働戦線のプロパガンダ用ポスター。労働戦線はナチス・ドイツ期唯一の労働者組織で、賃金の設定や労使関係の調整を行った

ナチスが政権に就いてからの数年間で、都市の商工業は大きく成長し、活況を呈するようになる。この経済回復期にもっとも恩恵を受けたのは大企業である。しかし一九二〇年代、大企業はナチスに対し批判的だった。というのも、大企業は第一次世界大戦で大損害を被ったばかりで、ナチスの国家主義的かつ軍国主義的な思想に危うさを感じていたからである。

しかしナチスは、政権に就くと大企業にとって好ましい政策を打ち出したため、ナチスに対する評価も変化した。ナチスはまず、鉄鋼のクルップ社やティッセン社をはじめとする大企業にとってやっかいな存在だった労働組合を非合法化した。そしてそれに代わるものとしてドイツ労働戦線（ＤＡＦ）を組織し、労使関係の調整に努めた。また建設や武器製造、化学、鉄鋼などの各分野の企業に大規模な発注を行った。発注を受けた企業は利益を上げ、経営規模を拡大していった。またナチスはインフ

冶金工場のようす。ナチスからの発注で利益を上げていた。1930年代

レ抑制のために、労働者賃金を一九二九年の経済恐慌時の水準にまで引き下げた。各企業間の労働力の調整も行った。そのため企業は労働力を安定して確保することができるようになった。

戦争が始まると、占領地から、賃金も社会保障も必要のない奴隷労働者を確保できるようになった。戦争捕虜を含む奴隷労働者の数は、一九三九年時点でドイツの総労働者数（ここでは農業労働者をのぞく）の〇・六パーセントにあたる二六万六〇〇〇人だったが、一九四四年には、四七二万四〇〇〇人に増加し、総労働者数の二二パーセントを占めるに至った。企業は奴隷労働者の増加によって、経費を大幅に削減することができた。

ナチスは経済政策のひとつとして、産業界からのユダヤ系資本の締め出しを行った。一九三八年四月には、五〇〇〇ライヒスマルク以上の資産を持つユダヤ人に対して資産の登録義務を課し、その資産を監視下においた。また、アーリア系企業にユダヤ系企業の買収を促してユダヤ系企業の「アーリア化」を図った。ユダヤ系企業を破産に追いこむこともあった。アーリア系企業は競争相手のユダヤ系企業が次々と姿を消したため、より広い消費者市場を獲得した。全体で見ると、ユダヤ系の企業や商店、百貨店などは、買収されるよりも単純に潰される方が多かった。リヒアルト・グルンベルガーは『第三帝国の社会史』(一九七一)

第二次世界大戦中の東ヨーロッパの外国人労働者。イメージ良く撮影されている

の中で、一九三八年一一月の水晶の夜事件で破壊された三七五〇の商店のうち、その後営業を再開したのは七〇〇店にとどまったと指摘している。

ナチスの経済政策によりユダヤ系以外の企業は恩恵を受けた。しかし企業に不満がなかったわけではない。企業には自由な経営が許されていたわけではなく、多くの企業に文官や武官が役員として送りこまれていた。企業の国有化や準国有化も進み、一九三七年には、産業製品の七〇パーセントはナチス支配下の企業によって生産されるようになった。企業はその大小を問わず、ナチスの統制に服していった。例えば、自給自足経済推進策のひとつとして計画された鉄の貧鉱処理事業に対し、合同

ユダヤ系商店のボイコットを呼びかけるナチス党員。突撃隊と親衛隊が活動の中心となり、ユダヤ系商店を破産や閉鎖に追いこんでいった。1933年4月、ベルリン

クルップ社の製鋼工場。蒸気機関車が巨大な鉄の塊を運んでいる

製鋼やクルップ、マンネスマンなどの大企業が、採算がとれないと反対すると、ヘルマン・ゲーリングがヘルマン・ゲーリング国家製鉄所を設立した。この会社は国が七〇パーセントの株を持ち、製鉄業界における労働力や原料、技術についての管理を行うようになった。さらに、ナチスの方針に反発した合同製鋼らに対し、額にしておよそ一億三〇〇〇万ライヒスマルクを新会社に出資するよう求めた。

また、ナチスは税金を厳しく徴収し、一九三五年にはすべての企業に経営収支の報告を義務づけた。能率的な産業構造をめざすとして企業の統合も進めた。その結果、例えばラジオ小売業者の数は一九三三年から一九三九年の間に半分に減り、企業全体としては、一九三六年から一九四〇年の間で見ると、一六万八〇〇〇社がなくなってい

活気づくクルップ社の工場。ナチスは戦争に向けて着々と準備を進めた。エッセン

る。また新しく店を開いたり、事業を始めたりする者に対しては厳しい審査を行った。ナチス・ドイツ期の経済活動はこうした国家の管理のもとに営まれていたのである。

とはいえ、経済は回復して完全雇用もほぼ達成され、都市はにぎやかな活気を見せるようになった。各都市の行政機関では大幅な増員が行われた。一九三三年の時点ですでに文官の数は五五〇万人に上っている。また、料理店やカフェが繁盛した。これは魚や肉その他の食料が十分に供給されていたことの証である。

多くの国民がそこそこの収入を得るようになり、余暇には娯楽施設へ足を運んだり、買い物を楽しんだりした。ワインや酒やコーヒーの消費量が増え、ワインの場合、一九三三年から一九三八年の間に消費量が五〇パーセント伸びた。

歓喜力行団が開催した体育大会。1937 年 4 月 24 日、ヴァンゼー

それ以外の飲食物の消費量も、配給制になる一九三九年以前に限れば、全体的に増加した。また闇市へ行けばたいていのものは手に入れることができた。また歓喜《かんき》力行団《りっこうだん》（ＫｄＦ）が安価な娯楽を提供したため、労働者階級でも、年間、一週間分の賃金ほどの出費で多様な行事を楽しむことができた。映画を観る国民も増えた。とくに戦争が始まると、ニュース映画で情報を得るため、あるいは現実逃避のために多くの国民が映画館へ足を運んだ。戦争初年で映画館はおよそ七〇〇〇館存在し、観客数は前年よりも八〇パーセント増えた。

■祝日

祝日や祭りは国民の楽しみのひとつだった。ナチスは一九三八年までに、主に一一の祝日や祭りの日を設けた。な

ニュルンベルク党大会。祝祭日には必ずこうした行事が催された

農民と土の結びつきを讃える冬の祭り。1936 年 3 月

お、キリスト教の祝日は数日をのぞいて廃止されるかナチスの祝日と入れ替えられた。祝祭日には、政権獲得記念日（一月三〇日）、ヒトラーの誕生日（四月二〇日）、夏至祭、ニュルンベルク党大会日（九月）、一九二三年のミュンヘン一揆の記念日（一一月九日）などがあった。ただ、国民は祝祭日をまったく自由に過ごしていたわけではない。ナチスのプロパガンダのための催しや集会、大会がきまって開かれるので、それに参加しなければならない場合もあった。ヒトラーの誕生日には、家の窓にヒトラーの写真を飾り、赤白黒の三色からなるナチス党旗を掲げ、夜には、街路やスタジアムや広場での祝賀パレードに松明を持って加わることもあった。とはいえ、祝日や祭りは確かに国民の生活に彩りを添えるものだった。

「非ドイツ的」書物などを没収した学生とナチス党員。ベルリン中心部だけで２万冊が燃やされた。1933年５月、ベルリン

性科学研究所の閉鎖に向かうベルリンの学生。ナチスは研究所を「ユダヤ人の巣窟」と見なした

ヒトラーは「バスをうまく走らせた」とその経済政策の成功を表現する。確かにナチスの経済政策の結果、都市は活気を見せるようになった。しかしそこには暗部も存在した。例えば医療においては、公共の病院が医師不足に悩むことになった。ナチスがどういう気まぐれからか、医師の養成期間を二年間短縮したからだ。その結果、専門的な技術を持つ医師の数が四〇パーセントも減少した。さらに五五〇〇人のユダヤ人医師が医療現場から追放された。また新しい医師も、軍や政府の専門医や開業医になる者が多くなり、公共病院では一九三三年からの六年間で、患者に対する医師の割合が六パーセント減少した。

ヴァイマル共和政期のドイツの各都市は知的活動が盛んに行われ、自由でアカデミックな空気にあふれていたが、学問を軽視し、インテリ層を嫌っていたナチスは大学の定員数を減らした。そして焚書を行った。一九三三年五月一〇日、ナチス党員やヒトラー・ユーゲントが各地で集結し、すべての図書館からユダヤ人作家と「政治的に好ましくない」人物の書物をことごとく没収した。ベルリンではウンター・デン・リンデン通りの大学前に数千冊の書物が山と積まれて燃やされた。その中には、カール・マルクス、エーリッヒ・マリア・レマルク、マルセル・プルースト、H・G・ウェルズ、ジャック・ロンドン、ジークムント・フロイトといった人物らの書物も含まれていた。

ヴァイマル共和政期のドイツはヨーロッパでも指折りの大学を有し、多くの若者たちによって学術の探求が行われていた。しかし定員の削減で、一九三二年には全大学合わせて一二万七五八〇人だった学生数が、

松明とスワスティカの旗を手に列を作る学生。「ドイツ精神に反する書物」を焼き払いに行くところ。1933年5月19日

一九三四年には九万二六二二人に減り、さらに一九四一年には四万九六八八人にまで落ちた。また、ユダヤ人教授やナチスに従わない教授が解雇された。この処分によって大学教授の数が一〇パーセント減少し、多くの優秀な人材が失われた。大学に残った教授は、大学教授連盟が行う合宿で六週間かけてナチスの思想を教えこまれた。身体検査も受けなければならなかった。そしてこの合宿でナチスに認められた者だけが大学に戻ることができた。しかし、その後も役人やナチス党員の同僚から仕事ぶりを監視された。それに耐えられず、もっと自由な職場を求めて自ら大学を去る者も少なくなかった。また大学ではカリキュラムに軍事科目が取り入れられた。

大学の質は見る影もないほど落ち、授業はお粗末なものになった。その結果、国家の発展を支える人材、とりわけナチスが重視する軍事に不可欠な科学、工学分野の人材が育たなかった。ナチスは自らの政策で自らの首を絞めることになったのである。なお、大学の学生のうち平均で九五パーセントは、中流から上流階級の富裕層出身の学生だった。一九三九年を例に取ると、労働者階級の学生の数は全体のわずか三・五パーセントである。一九三七年から、民間企業の出資で科学科と工学科の奨学金が増やされたものの、それを受けることができたのは、大学と高等専門学校の全学生数の二パーセントに過ぎない。奨学金を受けることができなかった者は当然自費で通うことになるが、学費に生活費も合わせると一万マルク以上が必要で、簡単に用意できる金額ではなかった。

■大建築物と住宅

ナチス・ドイツ期の都市において注目されるものに、巨大な建築物がある。ヒトラーは、生涯にわたって建築に情熱を寄せた。ウィーンで過ごしていた十代から二〇代はじめのころの、ヒトラーのスケッチブックには、オペラハウスのような新バロック様式の建物を中心とするウィーンの建築物が、ぎっしりと描かれている。ヒトラーは、ナチスの力を永遠に示すことのできるような建築物を造りたいという思いを、政権に就く以前から抱いていた。彼が思い描くのは、古代ギリシア・ローマ建築の威風と、ルネサンス様式やバロック様式の宮殿や城のような装飾美を兼ね備えた、党の未来を象徴するような堂々たる建物だった。

パウル・ルートヴィヒ・トローストは、ヒトラーの夢を最初にかたちにした建築家のひとりである。トローストは一九二〇年代後半からヒトラーのもとで建築の仕事に携わっていた。一九三〇年には、ミュンヘンのバーロウ宮殿を、

ドイツ芸術の家。パウル・ルートヴィヒ・トローストが設計し、彼の死後 1937 年に完成

ウィーンのオペラハウス。第一次世界大戦以前の若き日、ヒトラーはこうした建物が立ち並ぶベルリンを思い描きながらスケッチした

八〇万ライヒスマルクをかけてナチス党本部に改修した。なお改修資金はティッセン社からの融資でほぼ賄われた。ヒトラーはその出来ばえにたいへん満足し、以降トローストはヒトラーのお気に入りの建築家となった。彼は後にベルリン総統官邸の改修も手がけている。

ヒトラーが政権に就くと、各都市の行政機関や司法機関、その他公共施設の建物が、新古典主義様式の建物に生まれ変わった。ミュンヘンには、トローストの設計によりドイツ芸術の家が建設された。ナチス党本部の破風《ペディメント》には、古代ギリシア・ローマ様式の裸体の彫刻が施された。この仕事に携わった彫刻家のひとりは、アウトバーン工事の「労働記念像」で知られるヨーゼフ・トラークである。

ベルリンには、一九三六年のオリンピックのためのスタジアムが建てられた。このスタジアムはオリンピック後は党大会や式典の会場として使用された。トローストは一九三四年三月に亡くなった。

IG ファルベン化学工場の労働者用に新築された住宅。こうした住宅に住むことができるのは一部の労働者だけだった

その後任として党主任建築家に選ばれたのはアルベルト・シュペーアである。シュペーアは一九三〇年にナチスに入党し、一九三三年五月一日、テンペルホーフ・フィールドで行われた党大会で、党旗と光を用いた斬新な演出を行った。それがヒトラーの目にとまり、トローストの後を任されることになったのである。

シュペーアは、ヒトラーの建築の好みをよく理解し、ヒトラーの好みに合った建物造りを心がけた。彼の仕事でもっとも有名なのは、ニュルンベルクの党大会会場、ツェッペリン広場の改造である。シュペーアは、金属製の鷲とスワスティカ（鉤十字）の党章を飾っただけの、長さ三〇メートル程度の演壇部を、大理石の階段と列柱からなる、幅三九六メートル、高さ二四メートルの建築に造りかえた。完成後行われた党大会では、会場を党旗と対空サーチライトで囲み、夜になるとサーチライトの光を空に向けて光の大列柱を作り出し

ミュンヘンの党本部「褐色館」（上）とニュルンベルクの巨大スタジアムの模型を眺めるヒトラーとアルベルト・シュペーア（下）。1933年

た。三〇万人の党員で埋まったツェッペリン広場は息を飲むような光景だった。

シュペーアは、ベルリンの改造をめざす「ゲルマニア計画」にも携わった。ヒトラーは政権に就く以前から、ベルリンが世界の首都となることを夢み、世界の首都となるにふさわしい姿に作りかえたいと考えていた。一九二五年には、ベルリンに建てたいと思う建築物のデザインをいくつか描いている。そのひとつは、パリの凱旋門を模した高さ九九メートルの巨大凱旋門で、それに、第一次世界大戦で亡くなったすべてのドイツ人の名を刻もうと考えていた。そして政権に就くと、ヒトラーはいよいよ夢の実現に向け、シュペーアと検討に入ったのである。

新しいベルリンには、まず長さ五キロメートルの大通りを南北に通し、その南の端に凱旋門を建て、北の端には、一五万人を収容することのできる、巨大ドームを有する大会堂を建てることに決めた。通り沿いには四〇〇の街灯を並べ、壮麗な政府庁舎を配し、市街には二〇〇〇人を収容できる映画館や二一階建てのホテル、古代ローマの浴場を模した公共プールなどの多様な施設をそろえることにした。全体的な構想が練り上がると、シュペーアが本格的な設計を行い、新しいベルリンを五〇分の一に縮尺した精巧なジオラマ模型も作製した。

「ゲルマニア計画」は実際に着手された。しかし戦争の始まりとともに建設は中断し、その後計画が再開されることはなかった。ヒトラーは戦争が終結したら、ヘルマン・ギースラーを設計担当にして、生まれ故郷リンツを改造する構想も抱いていた。そのジオラマ模型を熱心に眺めるヒトラーの姿を写した写真が残っている。撮影されたのは一九四五年二月である。連合国軍がベルリンへ迫り来るときにあってもなお、ヒトラーは新都市への夢を見続けていたのだろうか。

ヒトラーは、公の建物については壮大なものを望んだが、一般住宅ではドイツの伝統的な家屋を好んだ。例えば、軒下の広い、藁葺き屋根の田舎屋のようなものだ。しかし都市でそのような家を建てるのは不可能である。

都市の人口増加は著しく、とくにマグデブルクやハレでは人口が倍増した。ナチスは毎年三〇万世帯分の住居を作っている。しかしそのほとんどは、既存の集合住宅の一世帯分を分割するかたちで増やしたものだったから、たいへん狭かった。「国民住宅」と呼ばれた集合住宅の場合、四人家族用で広さがわずか三六平方メートルだった。寝室が三から四室あるような広い住居も用意されたが、家賃が高く一般の労働者には手が出なかった。ドイツ労働戦線が、一九三七年に二〇〇〇世帯を対象に行った調査を見ると、九六パーセントの世帯にバスルームもシャワーも備わっておらず、二二パーセントの世帯には水道すら通っていなかった。

規格化されたプレハブ住宅の提唱者ヴァルター・グロピウスが設計した住宅。こうした住宅は一般労働者の手には届かなかった

レーゲンの牛市（上）と種まきをする女性労働者（下）。農業労働者は低賃金と粗末な住居、長時間労働といった悪条件のもとで働いた。1930年代

戦争が始まると住居の供給は激減し、一九四四年ではわずか二万八〇〇〇世帯分が用意されたに過ぎない。空爆を受けるようになると、四〇〇万世帯分の集合住宅が破壊され、日中に働く労働者と夜間の労働者がひとつのベッドを共有するという悲惨な状態に陥った。都市の住宅環境は決して良いものではなかったのである。

次に、ナチス・ドイツ期の農村について見ていきたい。ヒトラーは、農村に対して特別な思いを持っていた。それには、世界主義的な都市から農村への回帰を唱える「血と土」の思想が影響している。またヒトラーは「異種交配」が進む都会に比べ、農村はアーリア人の血統が守られていると考えていた。さらにインテリが幅をきかせる都会を軟弱だとし、素朴でたくましい農村の暮らしを賛美した。

ナチスが政権に就いた一九三三年、農村は深刻な状況に置かれていた。もともと農村の暮らしは厳しかったが、一九二〇年代後半の恐慌時の農作物価格暴落で借金が嵩み、多くの農家が、資金繰りができず経営困難に陥っていた。一九三二年の農家全体の負債総額は一〇六億ライヒスマルクに上り、全農業収益の一五パーセントが銀行の利子の支払いに充てられていた。

しかしナチスが政権に就くと、借金の返済期限の延長や利子の引き下げが行われ、抵当金利は四・五パーセントまで下がった。農機具を購入したり、倉庫や季節労働者の宿泊所を建てたりする目的で金を借りる場合は、借り入れが容易になった。また、都市部の景気回復は、農村からの労働力の流出を招いたが、一方で農産物市場の拡大につながった。さらに、徴兵が大規模に行われるようになると、軍による食料や馬、土地の買い上げによって利益を上げる農家もあった。

畑を耕す労働者。農家の多くはトラクターを購入することができず、農作業の大部分は人力で行われた。1935 年、ポンメルン

農作業を行う国家労働奉仕団（RAD）。18歳から25歳の男性で構成されていた

■農業政策局

ナチスは農業を管理する組織として農業政策局を設け、リヒャルト・ヴァルター・ダレが食糧大臣および全国農民指導者として指揮を執った。若いころ養豚場で働いた経験も持つダレは「血と土」思想の提唱者であり、一九二九年には『北欧人種の生命の源としての農民』を執筆している。農業政策局は、全国三〇〇万の農家を保護し、農産物の供給を安定させるため、農業の統制を進めた。例えば、生産する作物の種類や生産量、使用する農機具を指定し、農作物価格や賃金の調整を行った。また野菜や肉牛、乳製品などの農産物の卸売り価格を、一九三五年までに二〇パーセント以上上げた。農業労働者の賃金も三四パーセント引き上げた。また農業労働者に対して

は、失業保険料や健康保険料の支払いを免除した。

農地の保護対策も行った。一九三三年、破産した農家の土地を保護する目的で、継嗣限定農地法を制定した。また同年、世襲農地法を制定し、農地が一二五ヘクタール以下で、かつ長男の単独相続を約束した農家の農地を世襲農地と認定し、借金のかたに取られないよう保証した。同時に、家を継ぐ長男に対し、勝手に農地を売ることを禁じ、また弟姉妹の生活を保障する義務を負わせた。ナチスは、農地がいたずらに売買されたり分割されたりすることなく、未来の世代へ受け継がれる体制を整えることで、農業の安定を図り、食糧の自給自足の実現をめざしたのである。

■農村の問題

ナチスの政策によって、農村はさまざまな面で恩恵を受けた。税金の額は全体として六〇パーセント下がった。しかし、農業政策に充てられる国家予算は、工業や軍需産業に投じられる予算に比べると少なかった。また、需要の増加にともない、農業政策局が設定する農産物の生産目標がしだいに高くなり、農家の生産能力を超えるようになった。農家は、生産の効率化のために新しい農機具や肥料を購入せざるをえなくなり、経費がかさむようになった。一方農産物価格はもとのままだったので、多く生産しても利益は限定された。

また、農産物の生産量や品質、その他あらゆる面における決まりが、年々細かくなった。例えば、雌鶏に生ませる卵の数は一年間に六五個までと定められた。また、生産する作物を利益の薄い作物に変更させられることもあった。

農業全体の負債額はいったん減少したものの、一九三八年には全農業収益と変わらない額にまで戻った。プロイセン州東部を中心に広がる貴族農場は、こうした変化を切り抜けることができたが、小規模農場は経営が悪化した。そのため農業労働者の三人にひとりが仕事を失い、解雇を免れた労働者も低賃金に苦しんだ。農場の維持費などの必要経費を差し引くと、年収がわずか二四〇マルクにしかならない農場主もいた。一方農業労働者でも年に四〇〇マルクの賃金を受け取る者もいたが、それでも一般工場労働者の平均賃金より低く、しかも労働時間はずっと長かった。補助金や子供への手当などが支給されることもあったが、農業労働者の暮らしは総じて貧しかった。

住環境も良いとはいえなかった。ナチスは労働者用の宿泊所を整備した農場主には、減税という特典を与えたり、逆に整備に応じなければ法的措置を取るなどして、住環境の改善を図った。しかし整備は進まず、およそ三〇万人の労働者がまともに寝泊まりすることができない状態だった。また、農場の六〇パーセントには水道が通っていなかった。トラクターも、イギリスやアメリカに比べるとそれほど普及しておらず、農場の多くは牛や馬を使って畑を耕していた。干し草の巻き上げといった作業のほとんどは人力で行った。安い賃金、粗末な住居、長時間労働という悪条件が重なっていたため、都市へ出て行く農業労働者は絶えなかった。ナチスは一九三四年に農業労働者の都市への

東ヨーロッパから労働力として農村に集められた女性たち。服に「Ost（東方）」のマークが付けられている。1943年

移動を規制する法律を制定した。しかし、都市が労働力不足に陥った一九三六年には規制を解いている。

農村の問題のひとつは、女性が農村での結婚を望まないことだった。農村における女性の負担は大きくなる一方で、戦争が始まると男手を取られ、女性が農場を切り回していかなければならなくなった。戦前でも、農業労働者の半分が女性だったが、そのうち七五パーセントは無報酬で働いていた。労働時間は週七〇時間を優に越え、それに加えて家事もこなさなければならなかった。だからとくに若い娘はもっと良い暮らしをするために、都会へ出て結婚したいと望んでいた。ナチス・ドイツ期は、ナチス婦人団（ＮＳＦ）を中心にさまざまな女性団体が存在していたが、農村の女性団体はときどき一日旅行を計画し、街へ出かけた。こうした行事を通じて都会生活に憧れを抱くようになる女性も多かった。

農産物が闇市へ流されるという問題もあった。ナチスは屠殺《とさつ》を厳しく制限していたが、家畜を殺して横流しする者は少なくなかった。一九三五年から一九四〇年の間の統計を見ると、牛、豚、鶏の家畜数はほとんど変化していない。それは「密屠畜」が行われていたためでもあるだろう。警察の監視の目は都会ほど厳しくなかったから農産物の横流しは後を絶たなかったが、見つかればただでは済まなかった。一年以上の刑に処せられた上に、農場を取り上げられることもあったし、大量の屠殺を行った者に対しては、死刑が宣告されることもあった。

常に労働力不足だった農村では、一時期ではあるものの子供も労働力として動員された。ナチスは農村での労働は子供の人間形成に役立つとし、ヒトラー・ユーゲントや学生、学童を農村へ送りこんで「労働奉仕」を行わせた。一九三七年には農業徒弟制度が設けられた。しかしこの制度は人気がなく、四万一〇〇〇人の定員のうち四分の一しか埋まらなかった。

ナチスは体力作りの一環としてヒトラー・ユーゲントを農作業に従事させた。ヒトラーは「弱さを削ぎ落とし、苦難に耐えることのできる強さを身につけた若者」を望んだ

農村の労働力不足を主に補っていたのは外国人労働者である。例えば一九三八年の収穫期には、経済難に陥っていたイタリアとハンガリーから一〇万人の労働者がやって来た。戦争が始まると、占領地の住民が強制的に連行されたため数は増大した。外国人労働者は一九四四年には七一二万六〇〇〇人に達したが、そのうち二四〇万二〇〇〇人が農村に送られた。なお、農村に送られるのは主にポーランド人だった。戦前から農村の外国人労働者はポーランド人が多かった。

■外国人労働者

当時の農村の人口は一三〇〇万人ほどだったから、農村は、人口に占める外国人労働者の割合が都市に比べて高かった。ナチスは農村のドイツ国民と外国人労働者が親密になることを警戒し、外国人労働者のほとんどを共同宿泊所に住まわせた。農場内に住まわせる場合でも、農場主と同じ屋根の下に寝起きさせないよう指導した。しかしそういう指導も、とくに、村はずれの小さな農場などではそれほど守られていなかった。そして外国人労働者と親しくなるドイツ国民も少なくなかった。なお、ナチスがドイツ国民から遠ざけようとしたのは「劣等民族」の部類に入る東ヨーロッパの労働者で、フランスやベルギーといった西ヨーロッパからの労働者への対応は緩やかだった。

外国人労働者と親しくなり、深い関係に落ちる女性もいた。とくに戦争が始まり若い男性の数が少なくなるにつれ、そうした女性が増えていった。外国人労働者と性的関係を結ぶのはたいへん危険なことだった。ナチスの目から見ればそれは重大な犯罪だった。「民族の血を汚す行為」に対する罰は重く、とくにポーランド人やロシア人男性の場合はほぼ例外なく死刑となった。女性の方も投獄されたり、強制収容所に送られたりした。場合によっては死刑に処せられることもあった。

農村の労働や暮らしは、戦争開始後厳しさを増した。若者は次々に出征し、残された女性と高齢の男性は長時間労働を強いられた。収穫期などは労働時間が週一〇〇時間以上になることも珍しくなかった。状況は戦争が進むにつれて悪化するばかりだった。そして一九四五年の冬、とうとうソ連赤軍のドイツ侵攻が始まった。ドイツ最大の農業地帯プロイセン州東部も戦渦に巻きこまれ、住民たちは次々に西へ向かって逃げた。しかしそのうち一〇〇万人近くが、寒さや飢えや赤軍の攻撃によって亡くなった。苦しくとも懸命に土を耕しながら生きていた農村の人びとの悲しい最後である。

第七章 スポーツ

ナチスは強いドイツ国民を育成するため、スポーツを推進した。そしてナチスの望みどおり、心身ともにたくましい国民が育っていった。そのたくましさを備えた国民は、やがて兵士として戦場へ向かうことになる。

ナチス・ドイツ期のスポーツは、戦争と深く結びついている。ナチスは一九三三年に政権に就くと「国家調整」を開始した。国家調整とは、社会のあらゆる物事をナチスの思想のもとに行うことである。そのためスポーツも単なる運動競技ではなくなった。ナチスはあらゆる団体組織に対し、スポーツに取り組むよう指導した。その目的は、来たるべき戦争に備えて、たくましい身体と強い精神を持つ国民を育てるためだった。国民啓蒙・宣伝相ヨーゼフ・ゲッベルスは、一九三三年四月二三日の演説でこう語っている。「我々はなぜスポーツを行うのか。それは、闘争心を養い、同志愛を育み、生存競争に勝ち抜く強さを身につけるためである」

ナチスは、学問をするよりもスポーツで強い身体を作ることに価値を置いた。学問をしても軟弱な人間になるばかりで、未来の大いなる戦いでは役に立たないと考えていた。そしてナチスがとくに力を入れたのが、若者たちのスポーツ活動だった。

■スポーツと若者

ヒトラーが若者に向けて「グレイハウンド犬のように俊敏で、革のように強く、クルップ社の鋼のように頑丈であれ」と呼びかけたことは有名だが、そうした若者を育てるために、ナチスはスポーツの中でもより激しく、より体力を必要とするようなスポーツを盛んに行った。またヒトラーは演説で次のようなことも語っている。

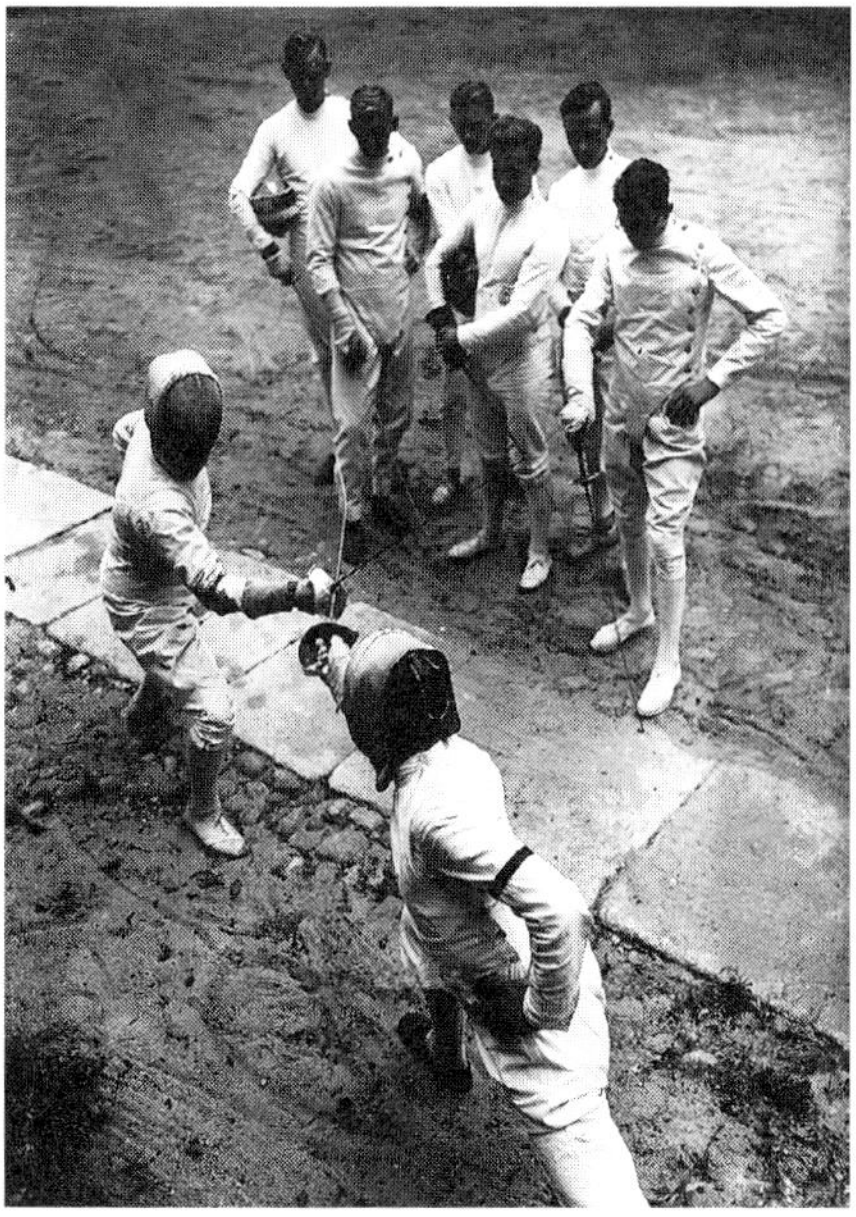

ナチス・ドイツ期は強い身体を作るために、各種スポーツが盛んに行われた。写真はフェンシング（左）と水泳（右）

あらゆる運動によって若者の体を鍛えなければならない。強健な若者を作り出す。それがなによりも大切なことである。この数千年で失われた人間の野生の強さを取り戻さなければならない。若者たちを純粋で自然な姿に戻すのである。若者に余計な知識を与える必要はない。学問は若者を柔にする。強く勇猛で雄雄しい若者——それがわたしの求めるものである。弱さや優しさがあってはならない。苦痛をものともしない強さがなければならない。わたしは、若者たちの瞳が誇り高き野獣のように光るのを見たいのだ。

スポーツは身体を鍛えると同時に「トランプ遊びや飲酒、悪しき音楽といった有害なもの」から若者を遠ざける狙いもあった

「若者には厳しい教育が必要だ。弱さは打ち砕かねばならない。わたしは、野獣のごとく大胆で恐れを知らぬ獰猛な若者を望む。弱い者は許されない」ヒトラーの言葉、1933年

ナチス・ドイツ期、スポーツは優しさなどの人間的な感情を、若者から削ぎ落とすための手段でもあった。ナチスによって人間らしい感情を削ぎ落とされた若者は、例えばのちに武装親衛隊となって東部戦線の残酷な任務を遂行した。

学校の体育の授業は、一九三〇年代半ばまでは週に二、三時間ほどだったが、一九三八年には宗教の授業などが減らされ、週五時間に増えた。ヒトラー・ユーゲントとドイツ少年団、ドイツ女子青年団、ドイツ少女団ではスポーツは活動の中心で、合宿が計画されることもあった。また、選抜された若者が進む党幹部養成機関アドルフ・ヒトラー学校や騎士団の城、国家政治教育学校（ナポラ）でもスポーツは盛んに行われた。

ヒトラー・ユーゲントをはじめとす

グライダーボートの飛行準備を行うヒトラー・ユーゲント。ナチス・ドイツ期はスポーツと称して軍事訓練が行われていた

る青少年組織の活動では、スポーツにもっとも多く時間が割かれ、マラソンや水泳、走り幅跳び、円盤投げ、ハンマー投げをはじめ各種スポーツが行われた。男子の組織では、自然と軍事技術が身につくようなスポーツが多く取り入れられた。とくにヒトラー・ユーゲントでは、軍事訓練に近い活動が行われるようになった。ナチスはヒトラー・ユーゲントに軍服を模したユニフォームを着せ、射撃、小型船やグライダーの操縦、地形図の読み方、砲を車両につなぐ訓練、カムフラージュの技法といったことを教え、成績が優秀な者にはメダルを贈った。ナチスは、ヴェルサイユ条約によって軍備制限されていたため、こうした活動をスポーツとして行ったのである。一九三五年にヴェルサイユ条約を破棄した後もしばらくはスポーツの名目で行ってい

「柔弱な国民など必要ない。国民は強靭でなければならない。よって若いうちからの鍛錬を怠ってはならない」ヒトラー・ユーゲントに向けたヒトラーの言葉、1934年

たが、一九三〇年代後期は、ヒトラー・ユーゲントに対し、ドイツ国防軍の指導で正式に軍事訓練を施すようになった。なお国防軍は、それまでヒトラー・ユーゲントで行われていたボクシング試合をあまりに暴力的だとして、試合時には必ず将校を監督につけるようにした。

スポーツと軍事訓練には、協調性を身につけさせるため、個人よりもチームで行うものが多く取り入れられた。しかしチーム活動は健全に行われない場合が多々あった。例えば「猟師とインディアン」と名づけられていた訓練がある。これは、ふたつのチームが、それぞれチームの色の腕章をつけて深い森に入り、カムフラージュの技法で身を隠しつつ、敵軍と見なす相手チームを探す訓練である。最終的には相手チームの腕章を多く取ったほうの勝利となるから、先に相手の存在に気づいた方のチームが相手チームに襲いかかる。その後はほとんど乱闘状態で腕章の奪い合いとなる。こうした訓練は小隊長の監督のもとに行われるものの暴力的になりがちだった。また体格が良く、闘争心のある者が有利であり、弱くて良い働きのできない者は、罰として

使い走りをさせられるなど、いじめられることもあった。

運動能力が劣る者や気が弱い者にとって、スポーツや訓練は拷問にも似た苦痛だった。学校でもヒトラー・ユーゲントでも必須のスポーツだったボクシングでは、乱暴者の容赦ないパンチで、したたかに打ちのめされてしまうこともあった。ボクシングほどの激しいスポーツでなくても、試合になると体力が使い果たされるまで行われたため、怪我をする者や精神的に参ってしまう者が絶えなかった。成長期の身体に深刻な影響を受けた青少年もいたのではないだろうか。十代のころに成長板に過度の圧迫を受けると、骨の成長が抑制されるからである。一九三六年に徴兵された一八歳男子の三七パーセントは、土踏まずが潰れて偏平足になっていた。ハノーヴァーのヒトラー・ユーゲントのリーダーは、管轄するヒトラー・ユーゲントにスポーツ活動を減らすよう指示したほどだった。

問題は他にもあった。多くの学校が入学試験科目にスポーツを加えるようになったため、運動能力の低い者は不利になった。また、スポーツ科目で一定の成績を修めなければ卒業の際に卒業証明書を受けることができなかった。そして社会に出ても、学校でスポーツ科目を受けるよう義務づけられた。例えば徒弟修業に入った者は、修業のかたわら学校へ通った。それでも成績が上がらなければ停学か退学という扱いを受けた。ナチスは、運動能力の劣る者は国家の役に立たないと見なしていた。一九三八年に、ヒトラー・ユーゲントの合宿中に行われた検診では、一〇歳から一五歳までの少年の五〇人が慢性的な胃の不調を訴え、医者は精神的な理由によるものと診断した。スポーツ活動が精神的な負担のひとつとなっていたのではないだろうか。

一方、運動能力に優れた者は仲間やリーダーから一目置かれる存在となり、軍に入った場合は昇格もはやくなった。またスポーツ大会でも活躍した。ヒトラー・ユーゲントの全国指導者バルドゥール・フォン・シーラッハは、一九三五年を「肉体訓練の年」として国民スポーツ競技会を開催した。この競技会では何千人もの若者たちが質の高い競技を繰り広げた。

なおナチスは体力作りの一環と称して、国の建設事業にヒトラー・ユーゲントを動員している。そのひとつはユースホステルの建設である。戦後のニュルンベルク裁判でシーラッハは、ヒトラー・ユーゲントが一年間で一〇〇〇棟のユースホステル建設に携わったと証言している。一九三九年時点で団員数が八〇〇万人ともいわれたヒトラー・ユーゲントは、豊富な労働力の供給源となっていた。

■大人とスポーツ

ナチスは若者のスポーツ活動に重点を置いたが、大人のスポーツ活動も積極的に進めている。ナチス・ド

80メートル・ハードル走で競う女性。過度のスポーツによって身体を害する若者もいた

選抜された若者が進む、騎士団の城のひとつ。体力を極限まで使うスポーツ活動と軍事訓練も行われた

イツ期、スポーツは子供から大人までごく一般的に行われるようになった。工場では作業中にも運動の時間が設けられ、労働者は時間になるといったん作業を止め、三〇分ほど運動を行った。しかし、戦争が始まると運動の時間は短縮され、戦況が悪化してくるとほとんど行われなくなった。労働力不足で女性も工場に駆り出されるような状況の中で、運動に時間を割いてなどいられなかったからである。

■スポーツの効果

スポーツ活動を負担に感じる国民も少なくなかった。一九三〇年代後半になると、五五歳までのすべての男性を対象に体力テストが行われるようになった。テストでは、例えば走り幅跳びは三メートル以上跳ぶこと、一キロメートル走は六分以内に走ること、メディシンボール投げは、重さ三キログラムのものを六メートル以上飛ばすことが求められた。テスト中に背中を痛めたり、じん帯やアキレス腱を切ったりする者が続出した。怪我人はとくに年配の男性に多かった。また、テストで不合格になると後から訓練を受けなければならなかった。テストの合否は就職にも影響し、ドイツ帝国鉄道などでは、テストに合格していることを採用条件のひとつとしていた。

スポーツ活動によって、怪我をする者や精神を病む者の数が増加した。一九三三年から一九三九年

スポーツを行うアーリア系ドイツ女性。スポーツを通して「劣等民族」に対するアーリア人の優秀性が強調された

女性も健康的な身体作りを求められた。やせ過ぎは不妊の原因になるとされた

の間で見ると、自殺率が上昇しており、アルコールに依存する者も増え、さらに精神障害者施設に入る者の数も三〇パーセント増加している。スポーツも国民に精神的、肉体的な負担を与えていたから、こうした社会問題を引き起こす一因となっていたのではないだろうか。

しかし一方で、スポーツは健康にも役立っていただろう。また、年配の男性でも五〇〇万人以上が体力テストで合格証を受けているが、それは歓喜力行団が行うスポーツ活動等を通して運動能力を高めた結果だろう。スポーツが健康に与えた影響は推測するしかないが、一般的に、日ごろから運動を

行っている者は三大疾患である心臓病、脳卒中、癌にかかる確率が低くなる。ドイツの平均寿命を見ると、一九一〇年は男性が四五歳、女性が四八歳だったのが、一九三〇年代後半は男性が六〇歳、女性は六三歳に延びている。ナチス・ドイツ期のスポーツも、寿命を延ばす一助となっていたのではないだろうか。

■スポーツと民族政策

ナチスは、ブロンドで碧眼のアーリア系スポーツ選手をアーリア人の典型として掲げていた。そしてユダヤ人やジプシーといった非アーリア系民族に対する、ドイツ民族の身体的かつ精神的優秀性を強調しようとした。

一九三五年一〇月、帝国スポーツ協会の指導のもと、すべてのスポーツチームにおいて反ユダヤ主義とナチスの民族思想に基づく講習が行われた。ナチスはこの講習で、ナチスの理想像にもっとも近いチームの選手の身体と顔かたちをアーリア人の典型として示し、次にユダヤ人とユダヤ人の写真を並べてその身体と顔かたちの特徴を説明し、アーリア人との「見分け方」を

帝国スポーツ指導者ハンス・フォン・チャマー・ウント・オステン（右）。彼の提案で、入学や就職の際運動能力が問われるようになった

教えた。

ナチスはスポーツ活動を進める一方、ユダヤ人からはスポーツを行う機会を奪っていった。プロチームからはもちろん、学校や大学のスポーツチームやその他のアマチュアチームからも、ユダヤ人選手とユダヤ人指導者を追放した。この処置に対抗して、自分たちでチームを結成するユダヤ人もいたが、活動していくのは容易ではなかった。まず選手がナチスから迫害された。教育機関から資金援助を受けることもできなかった。また、ユダヤ人は年々経済活動から締め出され、一九三八年一一月の水晶の夜事件では、被害を受けたのに保険金を受け取ることができず、逆に一〇億ライヒスマルクの「賠償金」の支払いを命じられたため、ユダヤ人社会は経済的に追い詰められ、スポーツチームの活動資金を工面することが難しくなった。また同月、ユダヤ人の子供が学校へ通うことが禁止され、子供が学校でスポーツをすることすら不

アメリカヘビー級ボクサー、ジョー・ルイス（右）。1937 年ヘビー級王者ジェームズ・J・ブラドックを倒した後彼は言った。「マックス・シュメリングに勝つまでは俺を王者と呼ばないでほしい」

可能になった。

一九三〇年代はじめ、ドイツのスポーツ界ではユダヤ人やジプシーのスポーツ選手が多く活躍していた。ナチスにとって彼らは目障りな存在だった。アーリア人よりも劣っていなければならないはずの民族が活躍することは許されないことだった。そのためナチスはユダヤ人選手らをスポーツ界から追放したのである。ボクシングでは、ユダヤ人アマチュア王者エリック・シーリグ、ジプシーのミドル級王者ヨハン・トロルマンをドイツ・ボクシング協会から追放した。とくにトロルマンに対してはいっさいのボクシング活動を禁じた。テニスではユダヤ人の世界大会メダリスト、ダニエル・プレンをドイツ・デビスカップチームから外した。高飛びのグレーテル・ベルクマンは非公認団体でしか活動することができなくなった。

ジョー・ルイスとの再対決のためアメリカへ乗りこんだマックス・シュメリング。シュメリングはナチス・ドイツとアーリア人の代表として期待を一身に受けていた。1938年6月

また、アーリア系スポーツ選手でも「劣等民族」のスポーツ選手と関わりを持つと追放されることもあった。例えば一九三五年七月三日付の、親衛隊機関紙『ダス・シュヴァルツェ・コルプス』には次のような記事が載っている。「ベルリンにおいて、警察の女性スポーツチームが、ユダヤ人女性チームと試合を行ったという批判が寄せられた。我々はさっそく調査を行い、試合に参加し

た女性全員をスポーツチームから排除した」

ただ、ユダヤ人のスポーツ選手でも例外的に活動を許される者もいた。ユダヤ人を片親に持つフェンシング選手ヘレーネ・マイヤーは、一九三六年のベルリン・オリンピックでドイツ選手団の一員として参加している。しかしナチスが彼女をドイツ選手団に加えたのは、国際社会に対し、ユダヤ人迫害を行っていないように見せかけるためだった。オリンピックに先立ってナチスはこう明言している。「諸外国の批判を封じるために、一九三六年のオリンピックまでは、ユダヤ人のスポーツ活動を一部許可する。ただしユダヤ人以外のスポーツ選手との接触は禁じる。ユダヤ人のスポーツ活動に対する本格的な規制は、オリンピックの終了後から行うこととする」。この言葉どおりオリンピック後、ユダヤ人スポーツ選手はドイツのスポーツ界から完全に追放されている。

ナチスはまた、黒人スポーツ選手も「劣等民族」として追放の対象とした。黒人スポーツ選手は当時より各国で活躍しており、とくにアメリカでは、人種差別が根強く残っているとはいえ、ボクシングや陸上をはじめさまざまな分野で多くの黒人選手が活躍していた。そのためドイツ人選手が国際試合で黒人選手と対戦することはしばしばあったが、その対戦は単なるスポーツの勝負をこえた意味を持つようになった。

■マックス・シュメリングとジョー・ルイス

一九三六年六月一九日に行われた、ドイツ人ボクサー、マックス・シュメリングと、アメリカの黒人ボクサー、ジョー・ルイスの勝負は有名である。ルイスは、当時のアメリカ・ボクシング界の期待の星だった。前年の一九三五年には、もうひとつのファシズム国家イタリアのヘビー級王者プリモ・

カルネラと対戦して、六ラウンドで勝利を収めていた。そのためアメリカ国民は、続く敵である元ヘビー級王者マックス・シュメリングも必ずや打ち負かしてくれると信じていた。

アメリカのユダヤ人たちは、ルイスが人種差別を受けながらものし上がり、

シュメリングとの再対決に向けて練習するルイス。万全の備えで試合に臨み、シュメリングをわずか2分4秒でノックアウトした

アメリカスポーツ界に認められた選手だということもあって、とりわけルイスを応援し、彼がドイツ人ボクサーを叩きのめし、ドイツ人の傲慢な鼻柱をへし折ってくれることを願った。一方、シュメリングをアーリア人の代表として送りこんだドイツ人にとっても、決して負けることのできない試合だった。

アメリカ国民は、シュメリングの力を甘く見ていた。シュメリングは一九三〇年から一九三二年までヘビー級王者だった男である。しかしオッズは一〇対一で、ルイスが勝利するというのがおおかたの予想だった。ルイス自身も、トレーニングもそこそこにゴルフを楽しむなど、シュメリングを見くびっていた。しかしそれは大きな間違いだった。試合の夜、ヤンキー・スタジアムに集まった四万五〇〇〇人の観衆を前に、シュメリングは激しい攻勢をかけ続け、一二ラウンド目にルイスをノックアウトし、勝利を収めたのである。

アメリカ国民は落胆し、一方のドイツは歓喜に沸いた。ナチスはドイツ民族の優秀性が証明されたと喜び、ヒトラーはシュメリングに電報を送り「すばらしい愛国的勝利である」と讃えた。シュメリングは国民的英雄となった。

しかしふたりの勝負はこれで終わらなかった。一九三七年、ルイスが

ジョー・ルイスに敗れた後病院のベッドに横たわるシュメリング。第二次世界大戦中は落下傘兵として前線で戦い、戦後は1948年までリングに上がり、その後引退した

ジェームス・J・ブラドックを倒してヘビー級王座を獲得した。そして初防衛戦の相手がシュメリングに決まったのである。この決定に両国民は前回に増して熱くなり、世界ヘビー級王者の座をかけた勝負は、完全に国家と民族の勝負となった。決戦日は一九三八年六月二二日に決まった。ナチスの民族政策の実態を以前よりも詳しく知るようになっていたアメリカ国民は、誰もがルイスの勝利を願った。フランクリン・ルーズヴェルト大統領はホワイトハウスの晩餐会にルイスを招待し「ジョー。君のその腕力でドイツをやっつけてくれ」と激励した。シュメリングは船でニューヨーク港に入った。そこでは反ナチス同盟とアメリカ・ユダヤ人会議が数百人規模のデモを行っていた。ヒトラーからは「次なる世界王者マックス・シュメリングへ。成功を祈る」という電報が届いた。

試合は、ルイスが勝利した。ヤンキー・スタジアムで七万人の観衆が見守る中、ルイスが四〇発のパンチを繰り出し、二分四秒でシュメリングをノックアウト。わずか一ラウンドで勝負を決めた。この結果にナチス幹部は失望し、シュメリングに対し冷たい態度を取る者も現れた。かたやアメリカは勝利に沸きかえり、アメリカン・ヘブライ新聞は「ルイスはドイツ民族優位論に痛烈な一打を与えた」と賞賛した。しかし皮肉なこととでも言おうか、両国民の熱狂の中、主役のふたりはとても冷静だった。実はシュメリングはナチスの民族政策に公然と反対していたし、ルイスは試合後次のように語っている。「俺はマックスのことを悪く思っていたわけじゃない。ただあいつに勝って初めて王者になれるんだと思っていただけなんだ。黒人と白人の対決なんていうのは、世間が言っていただけの話さ」。そして戦後は、ルイスとシュメリングの間に深い友情が生まれている。

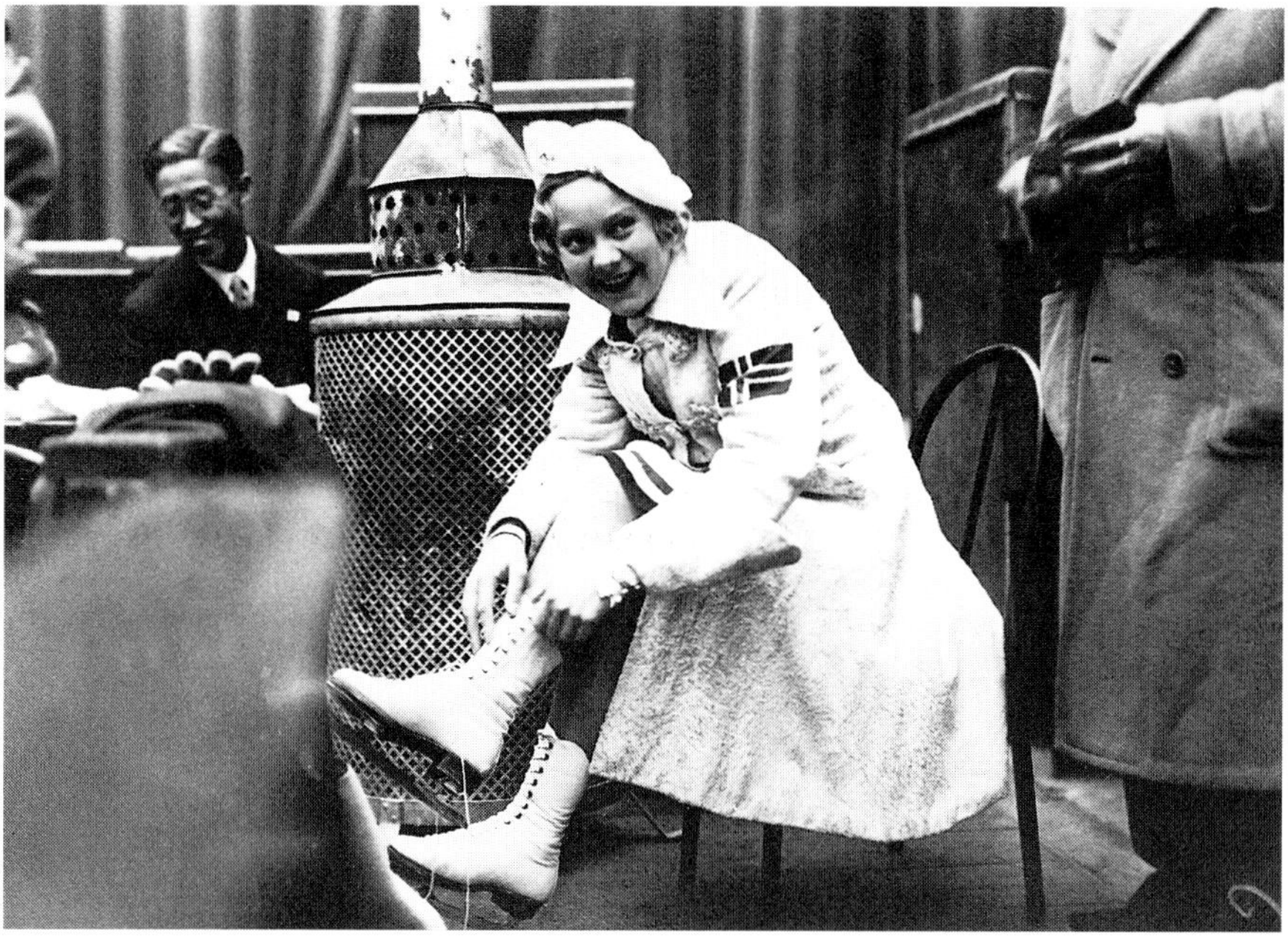

ノルウェーのフィギュアスケート選手ソニア・ヘニー

■ベルリン・オリンピック

一九三六年に開催されたベルリン・オリンピックは、おそらくオリンピックの歴史の中でもっとも物議を醸した大会だろう。第一次世界大戦後、ドイツは一九二〇年と一九二四年のオリンピックへの参加を認められなかった。しかしこのことはヒトラーにとってたいした問題ではなかった。そのころのヒトラーは「劣等な非アーリア人」と一緒にスポーツを行うことはドイツ国民の品位を貶めるという考えだったからだ。当時のナチス幹部ブルーノ・マトリッツはヒトラーの考えを受け、オリンピックには「フランス人、ベルギー人、ポーランド人それにユダヤ人と黒人がはびこっている」などとオリンピックを卑下する内容の文書をドイツの各スポーツチームに送っている。

しかし一九三一年五月一三日、国際オリンピック委員会（ＩＯＣ）は、一九三六年のオリンピック開催権をドイツに与えた。ＩＯＣには、開催権をドイツに与えて国際社会との協調を促そうという狙いがあった。しかし事はＩＯＣの思惑どおりには進まなかった。その二年後の一九三三年、ナチスが政権を獲得した。ヒトラーは当初オリンピック開催に乗り気ではなかった。しかしゲッベルスが、オリンピックは国際社会にドイツの復活を示すとともに、ドイツ選手団の活躍によってアー

1936 年の冬季オリンピックはナチスの力を示す機会となり、また世界の一流選手が技を競いあった

リア人の優秀さを知らしめることのできる絶好の機会だと主張し、ゲッベルスの説得を受けてヒトラーは開催を決断した。そして開催に向け二〇〇〇万ライヒスマルク、ドルにしておよそ八〇〇万ドルの資金が投入されることになった。

ドイツでの開催決定は、国際社会に議論を呼び起こした。とくにアメリカにおいて活発で、ユダヤ人やカトリック教徒、スポーツ団体などが抗議の声を上げた。アメリカ・オリンピック委員会会長だったアベリー・ブランデージも、一九三三年に「階級や宗教や人種を理由に選手の参加を認めない国の存在は、近代オリンピックの基本理念を脅かす」と述べた。オリンピック規則では人種差別や宗教差別を禁じていた。そして多くのスポーツ選手や団体がボイコットを呼びかけた。

しかしブランデージは、ボイコットには反対の立場だった。ボイコットの動きは政治的なものだとし、オリンピックは「選手のためのものであり、政治家のためのものではない」と述べた。さらに一九三五年には「一部のユダヤ人および共産主義者による政治的陰謀である」と発言した。彼がこうした見解に至ったのは、ボイコットに反対するユダヤ人スポーツ団体が存在したことも理由だろう。

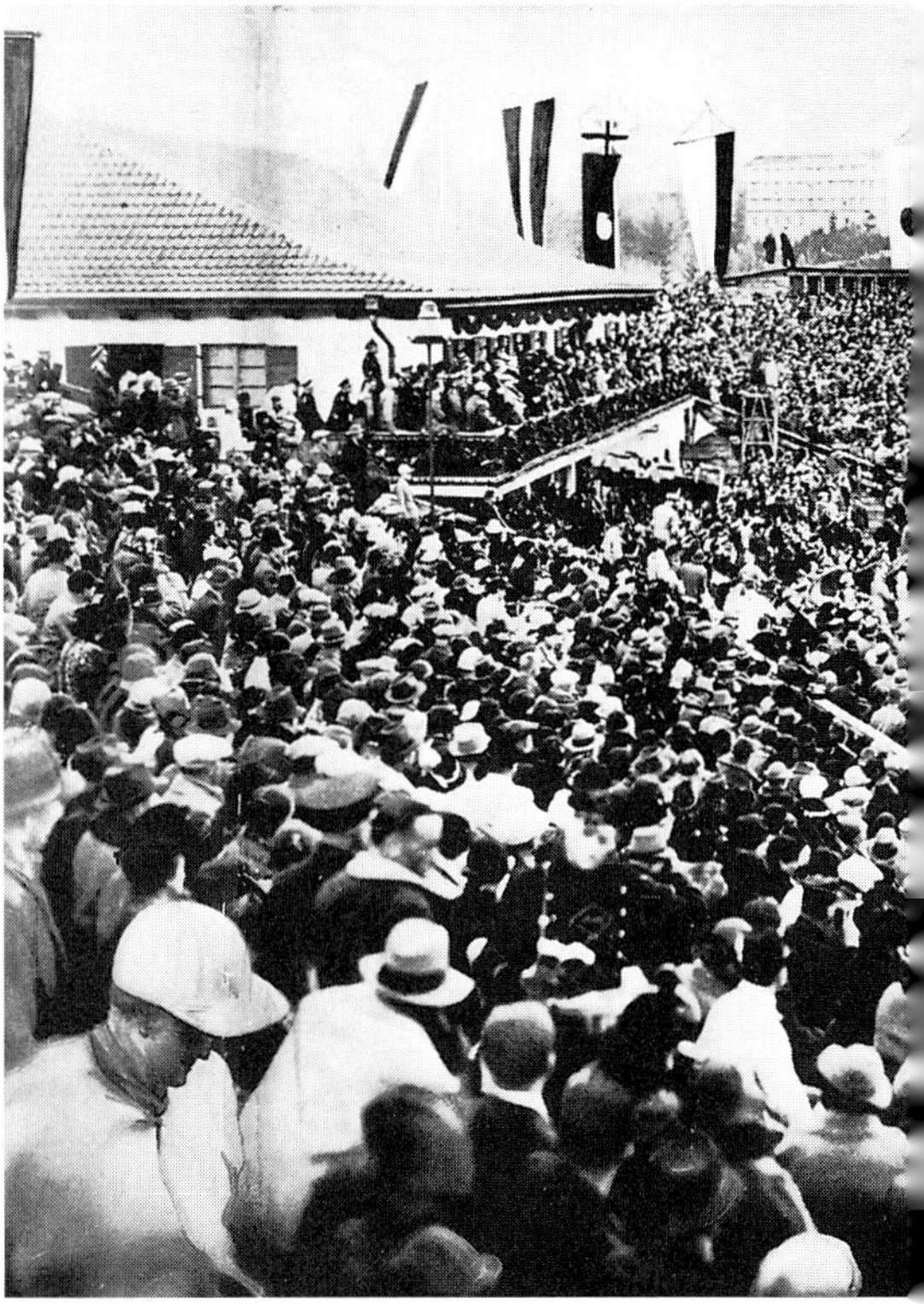

ドイツは冬季オリンピックで金３個、銀３個のメダルを獲得し、メダル獲得総数で２位となった。１位はノルウェーで、金７個、銀５個、銅３個を獲得

また一九三四年に行ったベルリン視察の影響もあるだろう。ブランデージは高まるボイコットの声を受け、ユダヤ人差別の実態を調査すべく、ＩＯＣ委員とともにベルリンを訪れた。この視察に向けナチスは周到な準備を行った。だからブランデージらがベルリンに到着したときには、ユダヤ人差別をにおわすようなものは街から一掃されていた。ブランデージが面会したドイツのユダヤ人選手たちは、自由にスポーツ活動を行っていると口をそろえた。

　結局、一九三五年一二月八日にアメリカ・アマチュア運動連合が参加を決定し、それでボイコット騒動は一応の決着をみた。しかしその後も各国で不参加を表明する選手が相次いだ。一九三六年七月にスペインのバルセロナで、ベルリン・オリンピックに代わる「人民オリンピック」を行う計画も立てられた。しかしこの計画は、スペイン内戦の勃発によって実現には至らなかった。

■オリンピック開会

ナチスはオリンピック開催にあたり、ユダヤ人政策を一時的に中止した。ベルリン・オリンピッ

街を飾る参加各国の国旗と紋章。各ホテルも民族や宗教に関係なく外国客をもてなすよう指示された。1936 年、ベルリン

クに先立ち、一九三六年二月六日から一六日まで、バイエルンのガルミッシュ＝パルテンキルヒェンで開催された冬季オリンピックでも同様の措置を取っており、ベルリン大会ではそのときの経験を生かして、ぬかりない工作を行った。

オリンピック開催を控えたベルリンの街のようすはがらりと変わった。ナチスは、反ユダヤのポスターやビラを街から一掃した。新聞社に対しては反ユダヤ主義的な記事を載せることを禁じ、国民には反ユダヤ主義的なことを口にしないよう指導した。またフェンシングのオリンピック金メダリスト、ヘレーネ・マイヤーをドイツ選手団に加えた。ただマイヤーは片親だけがユダヤ人で、見た目はアーリア人女性に近かった。なお、冬季オリンピックでも、片親がユダヤ人のアイスホッケー

オリンピック開催中のブランデンブルク門前広場。反ユダヤのポスターは街から消え、新聞販売機も撤去された

11万人の観客で埋まるオリンピック・スタジアム。世界49ヵ国から4000人以上の選手が集まったベルリン・オリンピックでは、見事に演出されたセレモニーが行われた

選手ルディ・ボールをドイツ選手団に参加させている。

また、外国の選手団や観光客に心づくしのもてなしを行うよう国民に指示した。例えば、外国客らに十分な卵を供給するため、国民に食べる卵の数を減らすよう求めた。またこの時期は、同性愛者の取り締まりも緩和されている。そして街の至るところにスワスティカや党章を飾り、ナチスの力を感じさせるような演出を行った。国を挙げて推し進めていた軍備拡張を隠す工作にも余念がなかった。例えば、宣伝局は次のような指導を行った。「オリンピック村の北側の区域、つまりこれまで国防軍の練兵所だった区域のことを『兵営』と呼んではならない。今後は『北区オリンピック村』と呼ぶこと」

各国の取材陣は、こうしたナチスの工作にすっかり騙されてしまった。わずかではあるが、ベルリンの姿がまやかしであることを見抜いた取材記者もいた。しかしそんな記者でも、例えばベルリン北部オラニエンブルクの強制収容所が、ユダヤ人その他の捕られた者たちですでにいっぱいになっているという事実を知ることはなかった。

オリンピック開会式は、すべての人の心に残るような印象的な式だった。ベルリンの街のあちこちで祝砲が撃たれ、オリンピック・スタジアムでは、二万羽の伝書鳩をヒトラー自ら空に放ち、その上空では、長さ三〇〇メートルのツェッペリン飛行船ヒンデンブルク号が大きなオリンピック旗をなびかせて旋回した。そして世界四九ヵ国の選手団

が壮麗なセレモニーとともに入場行進を行った。

■祭典の終わり

ドイツ選手団は好成績を残した。トレーニングに大金がつぎこまれたこともあり、他国を大きく引き離す三三個の金メダルを獲得した。ナチスはアーリア人の優秀性が証明されたことに満足した。

しかし気に入らないこともあった。そのひとつは、フェンシングでヘレーネ・マイヤーが銀メダルを獲得し、さらに金と銀のメダルもユダヤ人が獲得したことである。フェンシングのような兵士の戦いを思わせる競技でユダヤ

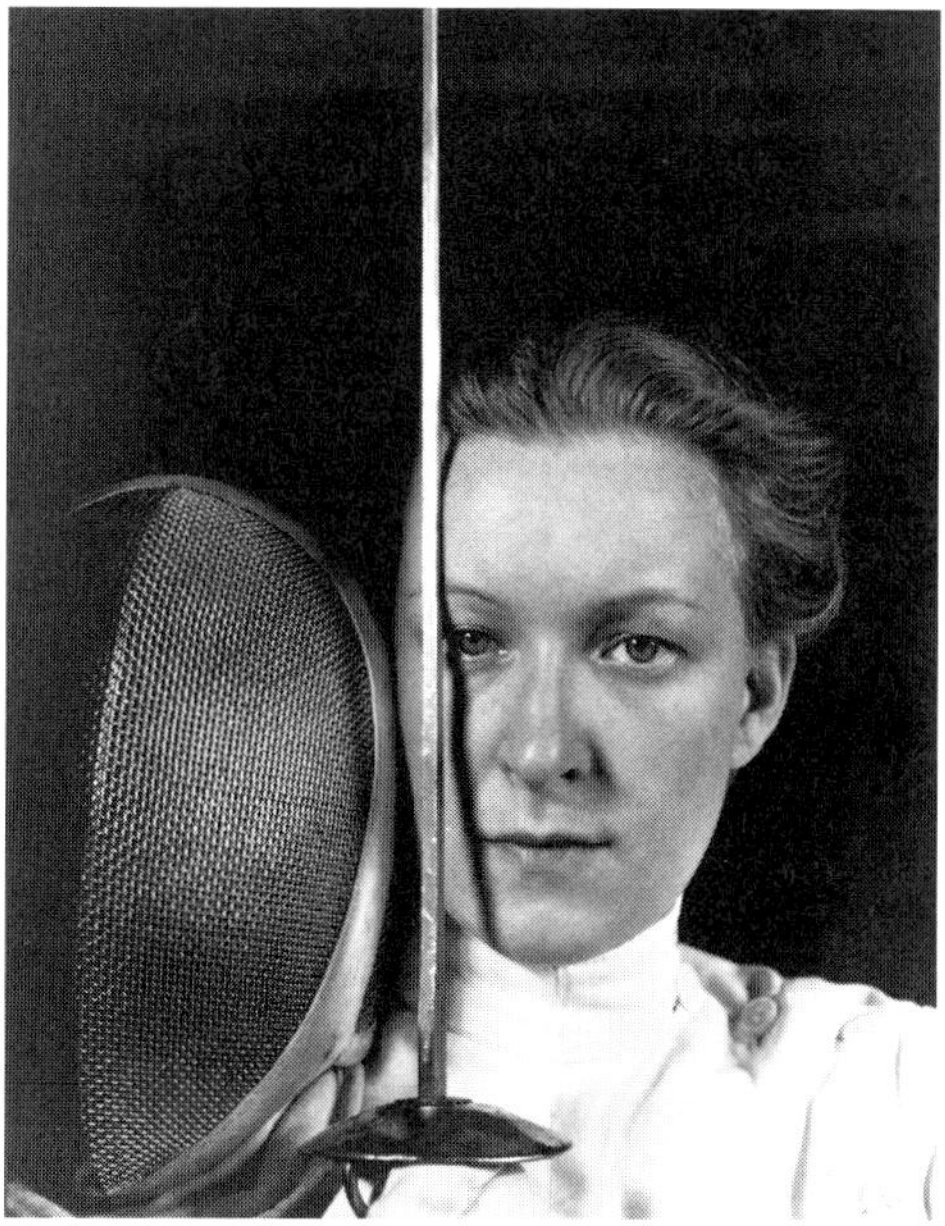

フェンシング選手ヘレーネ・マイヤー。ベルリン・オリンピックで銀メダルを獲得

200メートル走で力走するジェシー・オーウェンス。ヒトラーは黒人メダリストと面会することを拒んだ

水泳競技決勝を観戦するヒトラー（前列中央）。黒人選手らの活躍はあったが、ドイツが最多の金メダルを獲得したため、ナチスはオリンピックの結果に満足した

人がメダルを独占するというのは、ヒトラーにとっておもしろくないことだった。ただ、ヘレーネ・マイヤーが表彰台の上でナチス式の敬礼を行ったので不愉快さもやわらいだのか、ヒトラーは試合後彼女と握手を交わしている。また、レニー・リーフェンシュタール監督の記録映画『オリンピア』でもマイヤーを登場させている。

ヒトラーがとりわけ不愉快だったのは、アメリカが全部で五六個のメダルを獲得し、さらにそのうちの一四個を黒人選手が獲得したことだった。とくに黒人陸上選手ジェシー・オーウェンスは目を見張るような活躍ぶりで、一〇〇メートル走、二〇〇メートル走、走り幅跳び、それに四〇〇メートルリレーで金メダルを獲得した。

ジェシー・オーウェンスの快挙は、アーリア人の優秀性を示したいナチスにとって実に都合が悪かった。ゲッベルスはドイツの新聞社に対し、オリンピック期間中は黒人選手を侮辱するような記事を書かないように指導していたが、同時に黒人選手の活躍を大きく取り上げてはならないとの指示も出していた。そのためオーウェンスの快挙については紙面の隅に記事が載っただけだった。ヒトラーはオーウェンスや他の黒人選手と握手することを拒んだ。一方のアメリカでは、オーウェンスの勝利は民族差別を行うナチスへの一撃だと讃えられた。ただ、このオリンピックではアメリカでも反省すべき出来事が起こっている。それは、アメリカ・オリンピック委員会会長のアベリー・ブランデージが、アメリカのリレーチームからユダヤ人のマーティ・グリックマンとサン・ストラーを外したことである。これはブランデージがヒトラーに配慮して取った措置だったと言われている。

ヒトラーは、ユダヤ人選手や黒人選手の活躍を別にすれば、オリンピックの結果にたいへん満足した。それを示すように、アルベルト・シュペーアに次のように語っている。「一九四〇年のオリンピックは東京で開催されることが決まっている。それに続くオリンピックは、再びドイツのこのスタジアムで開催されることになるだろう」

オリンピックが終わると、ナチスはその興奮も冷めやらぬうちに、ユダヤ人政策を再開した。ユダヤ人たちは、再び暴力と差別にさらされることになったのである。なお、ヘレーネ・マイヤーは一九四〇年にアメリカ国民となり、姓をMayerからMeyerに変えた。彼女のおじは強制収容所に送られ、その後殺されている。しかしナチス・ドイツの国際的評価は、オリンピックによって高まっていた。アメリカ人ジャーナリスト、ウィリアム・シャイラーは、一九三六年八月一六日に次のように語っている。「ナチスのプロパガンダは成功したようだ。まず、かつてないスケールの大会を見事に運営し、選手たちを満足させた。次に国を挙げての歓迎ぶりに、一般の観光客も各国の実力者も、ドイツに良い印象を持った」。しかし、その後一九三九年に始まった第二次世界大戦で、ナチス・ドイツは世界にその本当の顔を見せた。そして一九四五年五月、戦争に敗れ、かつて威容を誇ったオリンピック・スタジアムも、連合国軍の空爆と砲撃によって無残な姿へと変わり果てたのだった。

ナチス・ドイツ期のスポーツとは何だったのだろうか。ナチスはスポーツを通じて心身ともに強い若者を育てた。そしてその若者を戦場へ送り出した。戦後の統計を見ると、ドイツ軍と連合国軍が同様の条件のもとで戦闘を行った場合、連合国軍のほうが五〇パーセントほど多く犠牲者を出している例が多い。連合国軍の兵士も勇敢に戦ったわけではあるが、ドイツ兵士がそれを上回る戦いぶりを見せたのは、軍による厳しい訓練のたまものだろうが、それに加え、苦難に耐えうるたくましい精神と肉体を、スポーツを通して養っていたからかもしれない。

ナチスは民族政策にもスポーツを利用した。ドイツ労働戦線の全国指導者ロベルト・ライは、若者のスポーツでは乗馬を重視すべきだとし、その理由をこう語っている。「なぜなら、馬を操らせることで、自分が支配者であるという意識を持たせることができるからだ」。ナチスは、スポーツを通してすべての民族を卑下し、同時にドイツ民族の優秀性を示そうとした。このような恥ずべき目的のためにスポーツを行っていたのである。

第八章 経済と労働者

ナチスは、政権を獲得してからの数年間でドイツ経済を復活させた。産業は活況を呈し、失業問題は解消した。しかしナチスはその一方で労働組合を禁止し、労働者の賃金を低く抑え、長時間労働を強いるようになった。

「真の国家社会主義者となるためには、まず身をもって苦難を経験しなければならない」。これはヒトラーの言葉だが、ナチス・ドイツ期の労働は、まさにこの苦難であり、国民は基本的に自分のためではなく国家のために働かなければならなかった。ドイツ労働戦線（ＤＡＦ）の指導者ロベルト・ライは一九三六年、ある刊行物で次のように述べている。

アドルフ・ヒトラーは国家社会主義を唱え、公共の利益を個人の利益の上に位置づける。そしてあらゆる階級闘争を否定し、奉仕の精神に基づく労働を讃える。国民が国家を支えるという精神は決して失われてはならない。そのため国家労働奉仕団は、自分の利益のために働いている者に対して、今後は国家のために働くよう指導しなければならない。

ナチスは、労働は国家への「奉仕」であるとし、マルクス主義のように、個人の利益よりも国家の利益を尊重した。なお、ライはこの考え方をマルクス主義とは別のものだと位置づけていた。ナチスは強力な雇用対策によって失業問題を解決した。国民にとってこれはもちろん歓迎すべきことだった。しかしその一方で、国家の利益のために労働者の権利を制限し、労働者を完全に管理した。

■ナチスの経済政策

一九三三年一月、ドイツの失業者数は

失業手当を受け取るため役所の前で待つ失業者。1929 年 10 月のウォール街大暴落以降世界は大不況に陥った。1930 年末、ベルリン

六〇〇万人に達していた。しかしそれが一九三九年一月には三〇万二〇〇〇人にまで減少した。ナチス政権下の六年間で、雇用状況は完全雇用と言ってよいほどにまで改善する。ナチスはいったいどのような方法で失業問題を解決したのだろうか。

ナチスが政権に就いたころのドイツの不況は一九二九年の世界恐慌以来のもので、社会は手の施しようもないようなありさまだった。六〇〇万人の失業者に加え、仕事に就いていても生活に困窮する者がまた何百万人と存在し、とくに農村の窮乏は著しかった。銀行も経営難で、融資にも慎重な態度をとっていた。またドイツは慢性的な貿易赤字に悩んでいた。ドイツは製品を作って輸出し外貨を稼いでいたが、それを作るためには原料を輸入しなければならず、しばしば輸入額が輸出額を上回った。金属や石油といった原料、あるいは食料などの輸入品への支払いは大きな負担となっていた。

■ヒャルマル・シャハト

ヒトラーは、政権に就くと経済回復を重要課題のひとつとしたが、経済に関しては疎かった。そこでドイツ経済の舵取り役として白羽の矢を立てたのが、財政家として経験豊かだったヒャルマル・シャハトである。第一次世界大戦中、ドイツのベルギー占領における財政顧問を務めていたシャハトは、一九一六年にドイツ国立銀行理事に就任した。一九二三年には通貨全権委員となって、当時のインフレを見事に沈静化させ、一九三三年三月には、ヒトラーに指名されてドイツ国立銀行総裁に就任した。

シャハトは一九三〇年にヒトラーの『我が闘争』を読んだのがきっかけで、国家社会主

【右】ベルリンの失業者（上）と失業手当を受け取るため列に並ぶハノーヴァーの失業者（下）。1930年代はじめ

経済相ヒャルマル・シャハト。第二次世界大戦後のニュルンベルク裁判では無罪となり、1950年代はエジプトのナセル大統領の経済顧問として活動した

義に傾倒し、一九三一年にはナチスの政治資金集めを行うようになった。彼はまた反ユダヤ主義者でもあった。そして一九三四年八月に経済相となり、ドイツ経済の舵を取ることになったのである。

現在多くの専門家が指摘するように、一九三三年ごろはすでに、世界の経済が回復傾向にあった。だからドイツ経済の回復がすべてヒトラーやシャハトの政策によるものだと言うことはできない。しかし、ふたりの政策によってドイツ経済の回復に弾みがついたのは確かだろう。

ヒトラーとシャハトはいくつかの政策を打ち出した。まずヒトラーは、自給自足《アウタルキー》経済の推進によって経済を活気づけようと考えた。ヒトラーはかねてより、ドイツ経済が輸入に頼っていることを問題だと思っていた。第一次世界大戦の敗因のひとつも、連合国軍の海上封鎖による物資の不足だった。ヒトラーは、ゴムや石油、鉄鉱石、コークス、石炭をはじめとするあらゆる原料や物資を、ドイツ領土内で賄いたいと考えていた。

ヒトラーが打ち出したもうひとつの経済回復策は、軍備拡張である。軍備拡張は、自給自足経済を実現させるために必ず行わなければならないことでもあった。というのも、自給自足を行うためには生存圏を拡大する必要があり、生存圏拡大のためには「戦争の用意」をしなければならなかったからである。ドイツ国内には自給自足を実現できるだけの資源も農地もないが、領土を拡大すれば不足を補うことができるのである。例えばウクライナの穀倉地帯を手に入れることができたら、食料の自給ができるようになる。カフカス地方を占領すれば、豊富な石油が確保できる。そして、軍備拡張を行う目的は生存圏拡大のためであるが、ヒトラーはそれによって軍需産業が活性化し、ひいては国全体の経済回復につながると考えたのである。

一方シャハトは堅実な政策を進めていった。例えば、借り入れがしやすくなるように利率を引き下げ、地方政府の借金返済期限を延長した。また株式市場を活性化するために国が株式を大量に買い上げた。

そしてシャハトがもっとも力を入れたのが、雇用創出を目的とした、公共

ヒトラーが進める軍備拡張政策によって、クルップ社などの軍需企業は莫大な利益を上げた

ドイツ労働戦線指導者ロベルト・ライ。歓喜力行団の活動を推進し、反ユダヤ主義者で大酒飲みとしても知られた。1945年ニュルンベルクで自殺した

事業の推進である。シャハトは大量の公債を発行し、それで得た莫大な資金を公共事業に投じた。そして雇用を生み出した。一九三三年から一九三六年の間に公共事業費は三倍に増えた。なお、国の予算は全体で七〇パーセント増加している。事業の内容は、公共施設の建設や住宅地開発、森林再生、道路建設、軍事施設の建設などさまざまである。

雇用の状況を見ると、アウトバーン建設事業の場合、初年のみでも八万四〇〇〇人の雇用を創出している。また全体としては、一九三四年末までに一七〇万人が公共事業によって仕事を得ている。ドイツはヴェルサイユ条約によって再軍備を制限されていたが、滑走路や兵営などの建設、軍備拡張の基本である道路網や鉄道網の整備も公共事業として推し進めた。なお、アウトバーン建設は、軍需相フリッツ・トートが建設総

艦砲の砲身を製造する労働者。軍備拡張政策によって多くの失業者が仕事を得た

監として指揮を執っている。

■ヘルマン・ゲーリング

シャハトの政策は成功し、国全体がしだいに活気づいていった。シャハトは一九三三年から一九三六年まで指揮を執るが、その間の失業者数の推移は次のとおりである。

一九三三年一月　六〇〇万人
一九三四年一月　三三〇万人
一九三五年一月　二九〇万人
一九三六年一月　二五〇万人

シャハトの政策と平行して、自給自足経済の構築も進んでいた。農産物の生産高は一九三五年から減少に転じたものの、鉱物資源の産出や鋼鉄、化学製品などの生産は一九三六年までに倍増した。このよう

アウトバーン（左）の建設も大きな雇用を生み出した。また、合成石油を製造するなど工業原料の自給自足をめざしたが、輸入を完全に止めることはできなかった。右の写真はルーマニアの油田

ロイナにあるIGファルベン社の合成石油製造工場。1933年12月14日、同社のカール・ボッシュとヘルマン・シュミッツが、生産拡大に関する契約をナチスと交わした

に経済政策はそれぞれ一定の効果を上げていた。しかしシャハトには懸念もあった。というのも、大規模な公共事業と軍備拡張によって国の支出が増す一方だったからだ。一九三三年から毎年、国家予算の七〇パーセントを経済対策につぎこんでいた。軍備拡張のために投入された予算は、一九三三年には二七億七二〇〇万ライヒスマルクだったが、それが一九三六年には一二三億二五〇〇万ライヒスマルクにまで膨らんだ。軍需関係の国内純生産に占める割合で見ると、全体の六・三パーセントから一九・四パーセントまで増えた。

また、自給自足経済は非常に効率が悪いということが明らかになりつつあった。例えば、工業用の原料の場合、自給をめざして合成原料を製造していたが、これはたいへんコストがかかった。なお、一九三九年時点で主な原料の三三パーセントは輸入に頼る状態だった。一九三六年はじめ、シャハトは、財政支出で国の負債が増していることをヒトラーに伝え、負債をなくすために軍備拡張の予算を削減して、消費財産業への投資を増やすべきであるという考えを示した。これはいわゆる「大砲かバターか」の経済議論である。また、コストのかかる自給自足にこだわらず外国との貿易を拡大すべきであると訴えた。

シャハトは自給自足経済と軍備拡張からの転換を求めたわけだが、この求めはヒトラーの怒りをかった。そしてヒトラーは一九三六年八月、自身の経済政策を新たに『四ヵ年計画』としてまとめた。そして一〇月に計画の全権責任者としてヘルマン・ゲーリングを指名し、以後一九四〇年まで『四ヵ年計画』が経済政策の柱となった。一九三七年にはこの計画に抗議してシャハトが経済相を辞任し、代わってゲーリングが経済相に就任した。

ゲーリングは計画に基づき、自給自足経済と財政支出、軍備拡張をさらに進め

『四ヵ年計画』の全権責任者ヘルマン・ゲーリング。1936年次のように語った。「諸君は大砲よりバターを望むのか？　我々は金属より油脂を輸入すべきなのか？」

ていった。新計画でも失業者の数は次のように順調に減少していった。

一九三六年一月　二五〇万人
一九三七年一月　一八〇万人
一九三八年一月　一〇〇万人
一九三九年一月　三〇万二〇〇〇人

工業品の生産量は一九三三年から一九三九年にかけて六〇パーセント増加した。アウトバーンは一九三八年までに三〇〇〇キロメートルが建設された。原料生産も一九三六年から一九四二年の間で見ると、アルミニウムは九万八〇〇〇トンから二六万トン、鉱油は一七九万トンから六二五万トンに増え、鉄鉱石の産出は二二五万五〇〇〇トンから四一三万七〇〇〇トンに増えた。

ただ、こうした原料の生産量や産出量はナチスが目標として掲げていた数値には届いていない。目標ではアルミニウムが二七万三〇〇〇トン、鉱油が一三八三万トン、鉄鉱石は五五四万九〇〇〇トンとなっている。また、工業品やその他の生産品も、爆薬など一部をのぞいて目標生産量には届かなかった。一九三九年以降は占領地における経済活動も始まるが、それでも自給自足を達成するには至らなかったのである。またゲーリングは、経済を賢く運営していたとは言えない。ゲーリングはドイツ工業と鉱業を管理し、とくに石炭と鉄鉱石、石油の産出、鋼鉄や重機械、兵器の生産に関する権限を握っていたが、これらの産業の維持は多額の財政支出に頼っていた。なお、一九三三年から一九三九年にかけてのドイツの歳入は六二〇億マルクだったが、歳出は合わせて一〇一五億マルクに達している。

一九三九年に戦争が始まるが、この時期のドイツは、完全雇用がほぼ達成され、国民生活もある程度安定した状況だった。しかし国の財政の方は限界に達していた。ヒトラーが最終的に戦争に踏み切ったのは、財政の行き詰まりが原因だと見る歴史家は多い。戦争への道が、負債を解消することのできる唯一の道だったのである。

ドイツは経済の回復期を経て戦争に突入することになるのだが、その移り変わりの中、労働者はどのような環境のもとで働いていたのだろうか。

■ドイツ労働戦線（DAF）

ナチスは、賃金や労働力の配置、労使交渉、労働時間、生産量、諸手当、社会保障など、労働に関するあらゆるものごとを管理していた。政権に就くと、それ

歓喜力行団の行楽に参加した子供たち。旅行などを安価に楽しむことができたため、歓喜力行団の企画は国民に人気があった

ユンカース社の航空機製造工場。労働者はすべて労働戦線のもとにまとめられ、ストライキや賃金交渉は禁じられた。1939 年

まで存在していた一六九の労働組合をすべて非合法化し、二〇八〇万人の労働者を新たな労働組合組織、ドイツ労働戦線（ＤＡＦ）のもとにまとめた。

ドイツ労働戦線は、労働現場に秩序と調和をもたらすという趣旨のもと一九三三年五月一〇日に設立され、ロベルト・ライが全国指導者となった。強いドイツの復活をめざして労働者が一致団結するために、ホワイトカラーもブルーカラーも分けることなく組み入れた。そしてナチスの政策に沿って労働に関するあらゆる事柄の管理にあたった。例えば賃金についてな

er! Treibt Sport!

ら、ナチスの設定する上限を超えないようにするとか、ドイツ再生に不可欠な人材である工業分野の見習い工には賃金が支払われるようにするなどの調整を行った。

ドイツ労働戦線には、歓喜力行団（ＫｄＦ）と労働の美局（ＳｄＡ）という下部組織が存在した。歓喜力行団は労働者に余暇の娯楽を提供する組織で、規模が大きく、一九三三年から一九三六年の間に、活動費として五六〇〇万マルクの予算が投じられている。歓喜力行団は、その資金を基に安価な娯楽を企画した。内容はイタリアやポルトガル、ノルウェーなどへの外国旅行やハイキング、スポーツ大会、ダンスの催し、アート教室、観劇などさまざまである。旅行は通常鉄道を利用する旅だったが、歓喜力行団が所有する大型

体力作りのために運動する労働者。労働者は国のほんの小さな歯車のひとつに過ぎなかった。ベルリン

クルーズ船による船旅が企画されることもあった。

一九三八年を例に見ると、全労働者の半数が娯楽に参加し、旅行も一八万人が楽しんだ。旅行費用を見ると、ハルツ地方に一週間滞在する旅で、交通費と食費、宿泊費を合わせて二八マルク、二週間のイタリア旅行で一五五マルクだった。労働の美局は、工場や鉱山をはじめとする労働者の仕事場の環境改善をめざす組織である。また小規模ではあるが、旅行の企画なども行っていた。娯楽には多くの労働者が参加したが、それが可能だったのは、有給休暇の日数がヴァイマル共和政期に比べて二倍に増えたためでもあるだろう。有給休暇は一九三四年時点で一五日ほど取ることができた。

ただ、歓喜力行団の安価な娯楽の提供は、低い賃金に対する労働者の不満をそらすために行われていた側面もあった。

国民車フォルクスワーゲン。歓喜力行団の推奨により、33 万人が購入のための積立を行ったが、車が国民に届くことはなかった

また、企画にナチスの思想や民族観についての講義が組み入れられることもあった。しかしそうした政治的な活動は労働者にそれほど影響を与えたわけではないようだ。クルップ社の組み立て工だったエルンスト・ブロムベルクはこんな風に語っている。

政治にかまっている暇なんてなかったよ。三交替制で出来高仕事となれば、話をする暇もない。寝坊もできない。休憩時間だって惜しいくらいだ。なんといっても大切なのは生活の金。だからナチスのことなんて知ったことじゃない。ただ労働戦線の一員だってことだけで、それ以外ナチスとは何の関わりもなかったんだ。

とはいえ、労働者はドイツ労働戦線を通じてナチスに完全に支配されていた。ドイツ労働戦線はナチスの資金源のひとつでもあった。労働者はドイツ労働戦線に定期的に寄付を行わなければならなかった。その寄付金がナチスの資金となり、額は数十億マルクに上った。また次のような例もある。歓喜力行団は、フォルクスワーゲン購入のための積立制度を設けた。フォルクスワーゲンは、一般大衆にも手の届く夢の国民車として開発された車である。歓喜力行団の呼びかけにより、数十万人の労働者が一週間に五マルクの積立を行った。人によっては一週間の賃金の四分の一を積立金に充てていた。しかし一九三九年に工場の生産がフォルクスワーゲンから軍用車の生産へと切り替えられたため、以後車が労働者に届くことはなく、また積立金が戻ってくることもなかった。

ドイツ労働戦線は、ストライキやその他の抗議行動、賃金交渉などを禁止していた。労働者階級から革命が起きることを警戒するヒトラーが、労働者の力を抑えるために取った対策である。また、雇用者を「指導者」、労働者を「従者」と位置づけ、「社会の調和」のために、個人よりも全体の利益を優先して、労働者が雇用者に従うことを求めた。リヒアルト・グルンベルガーの『第三帝国の社会史』によると、労働者は、かつての労働組合の幹事のような存在である労働者委員会を通して、労働条件や社会保障について雇用者と交渉を行うことができた。しかし労働条件等の決定を最終的に行うのは、ナチスが任命した労働管理官だった。労働管理官は雇用者と労働者の調停役として、一三の経済分野にそれぞれひとりずつ置かれていた。労働管理官はたいていの場合、雇用者側に有利な判断を下した。とくに大企業ではそうだった。不満を訴えた労働者が法的処罰を受けることもあり、調和を乱すと見なされた人物は弾圧された。また雇用者の口添えによって、労働者の兵役が免除になる場合もあったため、雇用者におとなしく従う者もいた。とくに一九四一年にソ連戦が始まり、いつ召集されるともしれない状況になってくると、そうした労働者が増えた。

労働者は、働く場を変えられてしまう場合もあった。ナチスは一九三八年、労働力の配分を行うために、産業徴用法を制定した。この法のもと何百万人もの労働者を、織物製造業や食品産業などの消費財産業から、軍需産業やアウトバーン建設などの分野へまわした。その結果、一九三九年には労働者の五分の一が重工業分野に集中し、アウトバーン建設には一二万人の労働者が振り分けられた。

なお、ナチス・ドイツ期は公務員を中心にホワイトカラーの数が増えた。一九二八年から一九三九年の間で見ると、ブルーカラーの数の伸びが一〇パーセントであるのに対し、ホワイトカラーの数は二五パーセント増えている。また、ナチスは政権に就いた後、行政機関に多くの役職を設けている。そして党員たちは競ってその役職に就こうとした。賃金に関しては、一九三六年を例に見ると、ホワイトカラーがブルーカラーより平均で五〇パーセント高くなっている。

労働者の賃金は、全体として低く抑えられていた。シャハトは財政支出とインフレを抑えるため、労働者の賃金を一九二九年時の水準にとどめようとした。しかし景気回復とともに金属産業や化学産業、建設事業といった分野で技術者が不足するようになると、専門技術を持つ労働者の賃金が三〇パーセント近く上昇した。消費財産業も数パーセントではあるが伸びている。

賃金の上昇を受け、ナチスは一九三七年に賃金の上限を定めた。また、社員食堂や子供手当といった重要性の低い福利厚生や手当への助成金を減らした。グルンベルガーによると、一九三七年は完全雇用の状態に近づきつつあったが、人口の一六パーセントにあたる一〇〇〇万人以上の国民が冬季の救援物資や補助金を受け取っていた。

賃金は一九二九年時の水準だったが、所得税などの税金は増えた。労働者は、それに加えて労働戦線への寄付、失業保険や健康保険の掛け金、あるいは国民車購入のための積立金といったものを捻出しなければならなかった。一九三四年の報告書によると、平均的な労働者の場合、収入の五四パーセントが食費に、三〇パーセントが家賃と必需品の購入費

労働手帳。労働者の情報が詳しく記録され、雇用契約が終了するまで雇用者が保管した

作業中つかの間の休息を取るロシア人労働者。戦時中の軍需品生産は外国人の奴隷労働によって大きく支えられていた

に、一一パーセントが税金や労働戦線の寄付金などに充てられていた。人によっては収入の一八パーセントが労働戦線の寄付に消えていた。多くの労働者にとって、もっと収入を増やすには、時間外勤務を行うか出来高を上げるしかなかった。

またナチスは労働手帳を発行していた。労働者の身分証で、労働者を管理するためのものである。一九三五年から一九三九年まで発行されたこの手帳には、生年月日、出生地、現在の職業、過去の職歴、配偶者の有無、子供の数など労働者の個人情報が記録されていた。各地方の労働戦線の支部に手帳の写しが保管されていた。

ナチスは雇用契約の際に労働手帳を雇用者に提出することを義務づけた。提出された労働手帳は契約が終了するまで雇用者のもとに置かれた。これは労働者の転職を防ぐための対策だった。ナチスはとくに金属産業や軍需産業などの雇用者に対し、労働者が勝手に辞めても労働手帳を渡さないように命じ、ナチスが重視する分野からの労働力の流出を防いだ。また労働手帳から労働者の情報を手に入れることができるため、その情報をもとに、各産業へ効率よく労働力を配分することができるようになった。

■長時間労働

労働者はナチスの厳しい管理下に置かれていたが、多くの労働者にとっては労働環境もまた厳しいものだった。まず、労働時間が年を経るごとに長くなった。一九三三年の時点では、織物工場の労働者の場合、一週間の平均労働時間は三六時間、建設現場や鉱山で働く労働者、技師などは六〇時間だった。一九三九年には労働者全体の一週間の労働時間は平均四九時間になった。低賃金の労働者になると収入を上げるために七〇時間近く働くこともあった。また、目標生産量を達成するために長時間労働を雇用者に強いられる場合もあった。

労働時間が長くなると心身への負担が増し、労働中に事故を起こす者、病気にかかる者の数が多くなった。労働者の事故と罹病の件数は、一九三三年が九二万九〇〇〇件だったのに対し、一九三九年は二二五万三〇〇〇件に増えている。全体の労働者の数が多くなったせいでもあるだろうが、それにしても増え方が大きい。アウトバーン建設では多数の死者を出しており、道路が六・四キロメートル完成するごとにひとりが犠牲になった計算になる。また、天気が悪く作業が中止になると賃

クルップ社の製鋼工場。クルップ社は生産量を維持するため外国人労働者や強制収容所の囚人を奴隷労働に従事させた

軍服を作る女性。戦争が始まると、女性は軍需工場でも働くようになった

金は支払われなかったし、労働者は作業現場わきの小屋に寝泊まりさせられた。

また怪我人や病人でも休みを与えずに働かせようとする雇用者が年々多くなった。例えば怪我人なら、怪我をした体の部分を使わないで済むような作業に就かせるなどして、できるだけ働かせようとした。しかしこうしたやり方や長時間労働で労働者の労働意欲が低下したからか、労働者ひとりあたりの生産高を見ると、多くの産業において落ちている。例えば鉱物資源の産出量は、一九三六年から一九三八年の間で見ると一二パーセント落ちている。建設事業では一九三八年の一年間で二〇パーセント落ちた。

一九三九年に戦争が始まると、初年だけで四五二万人の男性が徴兵されたため、残る労働者の労働時間がさらに

戦艦の就航式に臨むヒトラー（中央）。戦争に備え、戦艦、航空機、戦車が続々と製造された

長くなった。一九四四年には、一週間の労働時間は、男性が平均で七〇時間、女性は五四時間となった。なお戦時中の食料配給量を見ると、一九三九年九月の場合、大人ひとりあたり一週間でパンは制限なし、肉が五五〇グラム、油脂が三〇〇グラムとなっている。これが一九四四年三月になるとパンは二・五キログラム、肉は三六〇グラム、油脂は二二〇グラムに減少している。長時間働かなければならないのに、十分に食べることができないのだから、労働者の疲労もたいへんなものだったに違いない。中にはビタミン剤を労働者に配給する雇用者もいた。また体力をつけるため、勤務中に運動の時間が設けられることもあった。

■戦時の労働者

戦争が始まると、女性も労働力として動員されるようになった。一九三九年の女性労働者の割合は三七・四パーセントだったが、一九四四年には五〇・七パーセントに増え、人数にすると一四五〇万人に達した。またナチスは占領地域から多くの外国人を連行し、労働に従事させた。その数は一九三九年が三〇万一〇〇〇人、一九四四年は五二九万五〇〇〇人で、戦争捕虜も一八三万一〇〇〇人を働かせている。一九四四年時点で、外国人労働者は全労働者の二四パーセントを占め、二万ヵ所に外国人労働者用の宿泊所が建設されていた。外国人労働者のうち一五〇万人はポーランド人で、そのうちの八〇パーセントが農村に送られた。西ヨーロッパからの労働者は、主に工場などの労働にまわされた。

戦時中の労働者の扱いは雇用者の方針や職種によってさまざまだったが、一般的に、専門技術を持つ労働者は厚遇され、鉱山や農村、建設現場の労働者は粗末に扱われた。またユダヤ人やスラヴ人労働者の扱いは例外なくひどかった。食事を例にとると、昼は根菜の薄いスープが二杯、夜はパン一個で、一週間に一度小さな一切れの肉がつくくらいだった。あまりにも貧しい食事であるためみな栄養失調に陥り、それに過酷な労働が加わるため多くの者が死んでいった。

戦時中、ドイツの工業は生産量を伸ばし続け、連合国軍の空爆が始まる戦争後期もなお高い生産量を維持した。例えば軍用機の生産は一九三九年が八二九五機、一九四四年は三万九八〇七機、戦車は一九四〇年が二二〇〇台、一九四四年は二万七三〇〇台が製造されている。また鋼鉄の生産量は一九三九年が二三七〇万トン、一九四三年は三四六〇万トンである。このように生産量を維持できた理由としては、一九四二年に軍需相に就任したアルベルト・シュペーアが効率的な生産体制を整えたことや、労働力配置総監フリッツ・ザウケルが外国人の強制連行を推し進めたことがまず挙げられる。また、国を思うドイツ国民の献身的な働きがあったからでもあるだろう。また、一九四二年からは労働者の働く意欲を起こすために、出来高に応じて特別手当も支給されるようになった。しかし都市への空爆が激しくなると、多くの労働者が田舎へ逃れるようになった。なお、このころのドイツ人労働者の賃金は、ただで働かせることのできる外国人労働者の増加などが原因で非常に低くなっていた。

一九四四年の終わりごろから、ドイツの生産体制は音を立てて崩れ始める。連合国軍によるドイツ占領地の解放が始

ドイツへ向かうフランス人（上）と東ヨーロッパの労働者（右）。ドイツは 1939 年からの侵略によって豊富な人的資源を得た

まり、ドイツの都市は空爆によって破壊され、本土防衛のために多くの労働者が国民突撃隊へ召集されていった。そして一九四五年、ナチス・ドイツは終焉を迎える。ロベルト・ライはかつてドイツの労働者たちを「労働戦士」と呼んだ。ドイツはこの戦士たちの労働に支えられて軍備拡張を行い、戦争をする力を蓄えた。しかし、戦争に負けた。その主な理由のひとつは、労働戦士らの奮闘も、アメリカの生産力を打ち負かすことができなかったからだろう。当時のアメリカの工業生産力はドイツをはるかにしのいでいた。戦時中のドイツの生産力を維持する原動力となっていたものは、勝利への欲望ばかりでなく、迫り来る敗北への恐怖でもあったのかもしれない。

第九章

大量虐殺

ナチスは、北欧系アーリア人であるドイツ民族の純血を守ろうとした。そしてユダヤ人やスラヴ人をはじめとするドイツ民族の敵が存在しない、千年王国を夢見ていた。

一九三九年春、ナチスがダンツィヒ自由市の割譲をポーランドに要求した。それに対しイギリスとフランスはポーランドの独立を保障することを表明。ヨーロッパ諸国の目はこの緊迫した情勢に集まっていた。同じころ、ナチスはひとつの計画を開始した。それは「生きるに値しない生命」である障害を持つ子供たちを殺害する計画だった。

ポーランド侵攻が開始された同年九月には、こ

フランスで唯一の強制収容所である、アルザスのシュトルートホーフ収容所のガス発生機。ガスは囚人の殺害に使用された

の国家による殺人の対象が成人にまで広がった。殺害は医療施設に付設したガス室において、主に一酸化炭素を使って行われた。医療施設には遺体焼却炉も建設された。これは一九四一年八月まで続けられ、犠牲者の数は九万人に上った。殺害の対象も広がり、ナチスが遺伝性と見なす身体障害者や知的障害者の他、統合失調症患者や反社会分子なども、民族共同体の一員としてふさわしくない者として殺害された。ベルリン郊外のティーアガルテン通り四番地に本部が置かれていたため、計画はのちにT４作戦と呼ばれるようになった。ヒトラーは一〇月に国家による殺人を合法化した。また、ナチス総統官房長フィリップ・ボウラーへ委任状を渡している。次の文章は

強制収容所の焼却炉。ガス殺後の死体焼却に使用された

その委任状の一部である。

一九三九年九月一日　ベルリン
フィリップ・ボウラーの責任のもと医師の権限を拡大し……医師の診断の結果、治る見込みがないと判断された患者には、人道的な観点から慈悲による死を与えること。
A・ヒトラー

「安楽死計画」とも呼ばれたこの計画による殺人は、戦時中ナチスによって行われた大量虐殺の始まりとして位置づけられている。一九四一年からドイツ国内外で始まった「最終的解決」と呼ばれるユダヤ人根絶をめざしたユダヤ人大量殺害、あるいはポーランド人やジプシーの大量殺害は、現在ホロコーストとして

やつれた姿を見せるワルシャワ・ゲットーのユダヤ人。このゲットーでは 1940 年から 1942 年にかけて 10 万人が死亡した

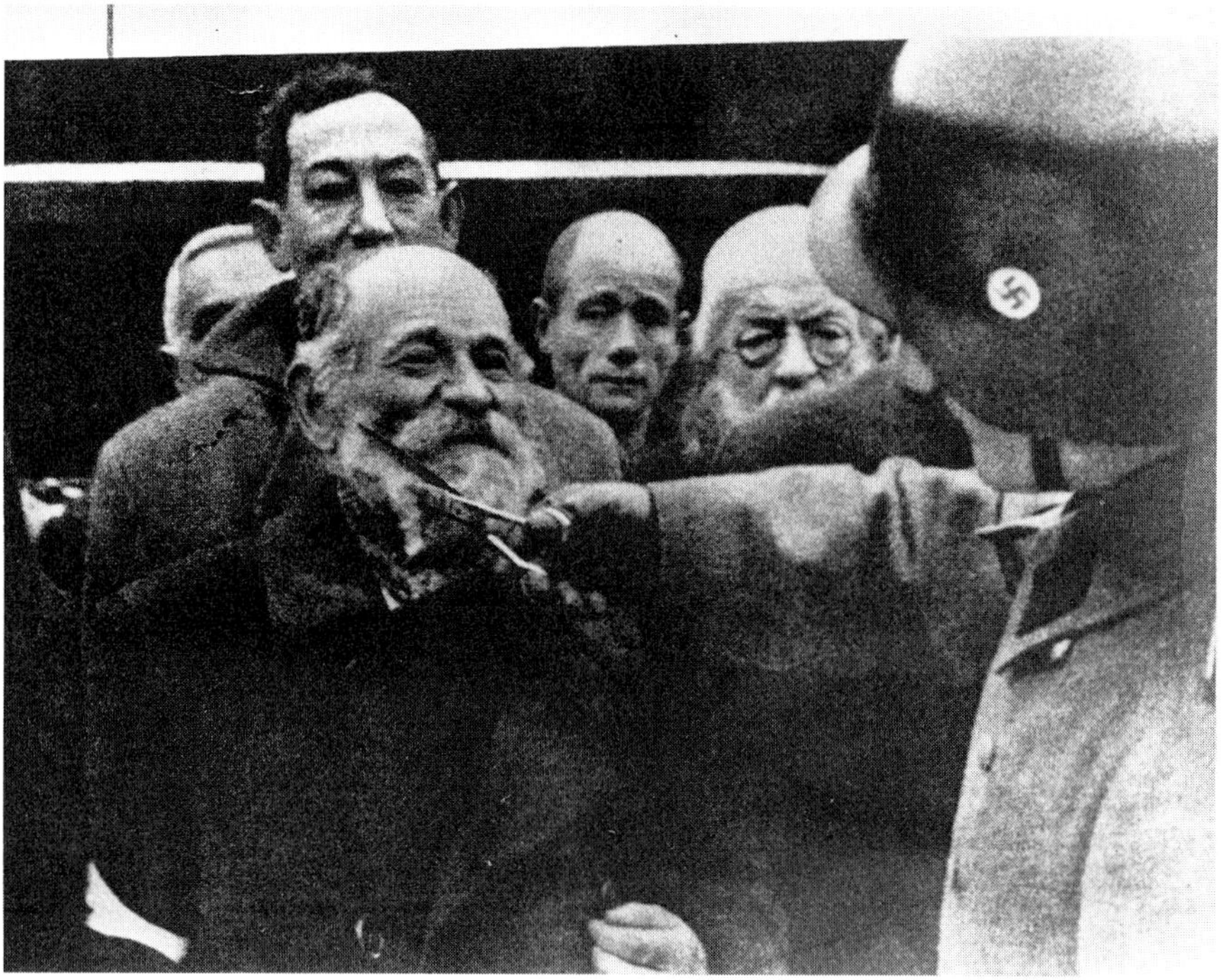

ドイツ兵士にひげを切られるユダヤ人。ユダヤ人の国外移住を促すため、日々迫害が加えられた

知られており、ユダヤ人だけでも六〇〇万人が犠牲になっている。

ホロコーストは、ヨーロッパのみならず、世界の歴史でも他に類を見ない出来事であり、ナチスがとりわけ悪名高い存在となっている理由でもある。ナチスがこの大量虐殺を起こすに至ったのは、いったいなぜなのだろうか。

ナチスが政権に就いたころ、ドイツにはおよそ五五万人のユダヤ人がいた。主に都市部に住み、商業や専門職に就く者が多かった。ドイツでは一八六九年以降、ユダヤ人の政治的、経済的な諸権利が法的に認められるようになった。その後ドイツ人と結婚するユダヤ人が増えるなど、ユダヤ人の解放とドイツ社会への同化が進んだ。

しかし、ユダヤ人に対する社会の

偏見や差別がまったくなくなったわけではなかった。反ユダヤ主義はドイツをはじめヨーロッパ各国に根強く残り、一九世紀末になると、反ユダヤ主義が民族差別的な側面を持つようになった。ヒトラーは一九一九年、次のように書き残している。「ユダヤ人というものを考える場合、宗教でくくるのではなく、民族的にくくるべきである。ユダヤ人はいずれ他民族を結核のように侵し始めるだろう」。そして一九二〇年にはこのように演説した。「ユダヤ人をドイツ国から取り除かなければならない。これはユダヤ人の生存を否定するものではない。よその土地で生存するのであればそれはおおいに結構だ。しかしドイツ国においては、ドイツ民族の生存のため、ユダヤ人の存在を許すことはできない」。ヒトラー

頭を剃られ、見せしめに街を歩かされる法律家ミヒャエル・シュピーゲル。首に掛けたカードには「わたしはユダヤ人です。しかしわたしは今後いっさいナチスへの不平を口にしません」と書かれている。ミュンヘン

は、一九一四年以前のウィーン時代に反ユダヤ主義の影響を受け、その後反ユダヤ主義はヒトラーの世界観《ヴェルタンシャウン》を形づくる主要な思想となり、ヒトラーはその思想を終生持ち続けた。一九四五年四月二九日には政治的遺言としてこのように語っている。「わたしがなによりも求めるのは、ドイツ国の指導者と国民が民族の純血を守ること、そして世界の害毒である国際ユダヤ人集団と徹底的に戦うことである」

ヒトラーにとってユダヤ人は邪悪な存在だった。ヒトラーは、ユダヤ人はドイツ民族の純血を脅かしていると考えていた。また、ユダヤ人はソ連を拠点に共産主義あるいはボルシェヴィズムを世界に広げようとたくらんでおり、さらに彼らはアメリカの資本も牛耳っているとも考えていた。ヒトラーはそのことを信じて疑わなかった。

空軍総司令官ヘルマン・ゲーリング。1938 年 11 月の水晶の夜事件を支持した。戦後死刑判決を受けるが執行日前日に青酸カリで自殺した

ナチスは政権に就くとさまざまな法律を定め、ユダヤ人に社会的、経済的な圧力を加えるようになった。圧力を加えることによって、ユダヤ人の国外移住を促そうという狙いがあった。そして最終的にはすべてのユ

ダヤ人を国外移住させることを目標にしていた。一九二〇年にヒトラーが演説で述べたような、ユダヤ人が存在しないドイツの実現をめざしたのである。

一九三三年四月七日には、ユダヤ人とその他非アーリア人の公務員を解雇することを決定した。四月一一日には、ユダヤ人か非アーリア人の祖父母をひとりでも持つ者は、非アーリア人であると定めた。一九三五年九月一五日には、ニュルンベルク党大会において「国家公民法」と「ドイツ民族の血と尊厳の保護のための法律」を公布した。この法律では、ユダヤ人がアーリア系ドイツ人と結婚することや性的関係を持つこと、ユダヤ人が四五歳以下のアーリア系ドイツ女性を使用人として雇うことなどを禁じた。また、ユダヤ人の兵士や退役兵士が帝国旗を掲揚すること、帝国色を身に着けることを禁じた。

そして一九三五年一一月一四日には、さらなる圧力を加えるため、市民権に関する国家法を公布し、次のようなことを定めた。

ユダヤ人はドイツ国の市民ではない。ユダヤ人はドイツ国の選挙権を有しない……ユダヤ人は公職に就くことはできない。現在公職にあるユダヤ人は、一九三五年一二月一日をもって退職しなければならない。

以後のユダヤ人政策は、一九三五年のこの法律を基本にして行われることになった。一九三八年、オーストリアが併合されると、ここでも移住政策が始まった。一九三八年四月にオーストリアを訪れたレオ・ローターバッハ博士は、ロンドンに戻ってから次のように報告している。「オーストリアで行われていることは、ドイツ国内で行われていることよりも過酷だ。ユダヤ人はオーストリアから完全に消し去られようとしている」

一九三八年一一月九日には水晶の夜事件が発生した。ゲッベルスが扇動したこの事件では、シナゴーグ（ユダヤ教会堂）やユダヤ系商店などが破壊された。保安警察長官ラインハルト・ハイドリヒは一〇日午前一時二〇分、警察と親衛隊保安部（ＳＤ）に対して次のような指示を出している。「ユ

ベーメン・メーレン保護領の副総督としてプラハ城に入るラインハルト・ハイドリヒ（左）。強烈な反ユダヤ主義者で、国家保安本部長官として、特別行動隊を組織した

ダヤ人の商店や住居を破壊せよ。ただし略奪は行わないこと……各地の牢がいっぱいになるまでユダヤ人を逮捕せよ。とくに金持ちを狙え……逮捕したユダヤ人はその後すみやかに強制収容所へ送ること」。この指示によって、三万人のユダヤ人男性が強制収容所へ送られた。収容所へ入れられたユダヤ人は、ナチスの求める国外移住に応じなければ、そこから出ることはできなかった。

■大量虐殺への道

事件翌日の一二日、ヒトラーの命を受けて、空軍総司令官ヘルマン・ゲーリングが空軍省で会議を開いた。この会議では、ユダヤ人の国外移住を促進するための新しい方策として、ドイツの経済活動からユダヤ人を完全に締め

水晶の夜事件で襲撃されたマグデブルクのシナゴーグ。全体で 191 のシナゴーグが燃やされ、815 の商店と 171 の住居が破壊された

兵士のからかいを受けるワルシャワ・ゲットーのユダヤ人。ゲットーで生き延びたユダヤ人もやがてトレブリンカの死の収容所へ送られ、ガス室で殺害された

出すことなどが決定された。会議においてゲーリングは「わたしは、ユダヤ人がたとえひとりでもドイツ国に存在することを望まない」と発言している。

会議ではユダヤ人に対する厳しい政策が決定された。しかしこのころはまだ、国外移住という方法でドイツからユダヤ人を取り除くというのがナチスの方針だった。大量殺害というかたちで取り除くという考えはまだ生まれていない。なお、オーストリアにおけるユダヤ人の国外移住はドイツ国内よりも進んでいた。オーストリアの担当者だったアドルフ・アイヒマンが巧みな方法を採っていたからである。そのためドイツ国内でもアイヒマンの方法が取り入れられるようになった。

ナチスがユダヤ人の大量殺害を開始したのは一九四一年である。そして最終的には、ヨーロッパの全ユダヤ人の殺害をめざすようになる。ナチスが大量殺害を決定するに至った理由はいくつか考えられるが、一九三八年からの生存圏拡大の動きがその決定に大きく影響している。ナチスは一九三八年にオーストリアとズデーテンラントを併合し、一九三九年はチェ

ワルシャワ・ゲットーで死亡した幼児を埋めに向かう男性。1941 年 12 月ポーランド総督ハンス・フランクはこう語っている。「率直に言ってしまえば、ユダヤ人など根絶やしにすべきなのである」

コを併合、そして同年九月にはポーランドに侵攻して占領した。一九四〇年に入るとフランスなど西ヨーロッパ諸国を占領し、さらに一九四一年六月にはバルバロッサ作戦と称されるソ連侵攻を開始した。ドイツはこのようにどんどん領土を拡大していったわけだが、占領した土地には当然ユダヤ人が住んでいた。オーストリアには二〇万人、ポーランドには三〇〇万人、西ヨーロッパ諸国には、もともとそこに暮らしていたユダヤ人に加え、ナチスが自国から追い出したユダヤ人たちが数多く住んでいた。

ナチスは、領土を拡大すればするほどユダヤ人を抱えこむというジレンマに陥った。そしてこのジレンマに陥ったころから、ユダヤ人政策が新たな段階に進み始めた。一九三九年九月、ポーランド侵攻が開始されたとき、特別行動隊（アインザッツグルッペン）が組織された。この部隊は、ドイツ軍の前線後方に展開し、抵抗運動の予

ワルシャワ・ゲットーのユダヤ人評議会本部

防として占領地域の知識人や政府関係者らの殺害を行うことを主な任務としていた。また、ドイツ人の宿泊場を確保するために、病院や養護施設の障害者を殺害することもあった。

新たなユダヤ人政策は、この特別行動隊を指揮するラインハルト・ハイドリヒと、ポーランド総督としてクラクフの城で指揮を執るハンス・フランクのもとで開始された。その政策とは、ウッチ、ワルシャワ、ラドム、ルブリンといった占領地の都市にゲットーを設け、ユダヤ人を強制的に移住させるというものだった。そして最終的には東へ移住させること、つまり強制収容所へ収容することが予定されていた。なお、ユダヤ人をゲットーへ囲いこもうと考えたのは、ドイツ人移住者の住居を確保する必要があったためでもある。当時ナチスは、一九三九年に

特別行動隊によるユダヤ人射殺現場。特別行動隊は 1939 年のポーランド侵攻の際初めて編制された。編制にあたったのはヒムラーとハイドリヒである

通りの清掃のため集められたソ連のユダヤ人。服にダビデの星をつけている

ソ連に占領されたラトヴィアやリトアニア、ポーランド東部の民族ドイツ人（ドイツ帝国の外に居住しているドイツ人）を、民族共同体の一員としてドイツ領内に移住させる計画を進めていた。その民族ドイツ人が住む場所が必要だったのである。計画では民族ドイツ人を都市部に多いユダヤ人の住居に入れ、ユダヤ人の商売などを引き継がせることになっていた。また農村においても、ポーランド人の農場主に立ち退かせ、そこに民族ドイツ人を入れる予定だった。

ユダヤ人の囲いこみは段階的に進められ、一九四〇年の秋ごろまでには隔離体制が整った。ワルシャワのゲットーは規模が大きく、とくにワルシャワ・ゲットーと呼ばれている。ゲットーのユダヤ人は「ダビデの星」と称される星の印を身に着けさせられた。そして厳しい労働に従事しなければならなかった。しかし配給される食料は乏しく、またゲットーは人が密集して伝染病が流行りやすい環境だったため、死に至る者も少なくなかった。ゲットーの管理官たちはその状況を眺め「一〇年もすればユダヤ人は死に絶えて、ユダヤ人問題は解決するのではないか」と考えていたほどだった。

■ソ連との戦い

一九三九年から一九四〇年にかけて順調に勝利を重ねていたヒトラーは、戦いの最後をソ連戦の勝利で飾りたいと願っていた。ヒトラーにとって、ソ連に勝利するということは、ボルシェヴィキ共産圏とそれを操る「国際ユダヤ人集団」に対する勝利を意味するものだった。ソ連侵攻を開始するにあたってヒトラーが出した戦争指令は、西部戦線への指令はまったく性格の異なる、まるで殲滅《せんめつ》戦を思わせるものだった。ヒトラーは、兵士はもちろん民間人であっても政治的な敵ならば容赦なく殺害すること、そしてユダヤ人も徹底的に殺害するよう命じた。

ユダヤ人の大量殺害が、ついに明確に指示されたのである。そして、この時点で殺害対象となったのはソ連のユダヤ人であるが、その後ヨーロッパ中のユダヤ人が殺害対象となっていく。ソ連侵攻の際も、ポーランド侵攻のときと同様に特別行動隊が編制された。特別な訓練を施された総勢三〇〇〇人の部隊が標的としたのは、まず占領地域の長と役人、それに共産主義者である。そしてユダヤ人はまず男性が殺害の対象となり、一九四一年八月からは女性や子供も殺害されるようになった。この殺害任務は隊員三〇〇〇人では手に負えなくなり、作戦責任者ハインリヒ・ヒムラーが部隊の増員を決めた。その際、武装親衛隊や警察官に加えて、占領地のリトアニア人やウクライナ人志願兵も補充隊員として投入された。

特別行動隊に射殺されたウクライナのユダヤ人。銃による大量殺害は実行者に精神的負担を与えたため、他の殺害方法が検討された

一九四一年一〇月、特別行動隊A隊が次のような報告を行っている。「各町と村において、特務部隊（ゾンデルコマンド）による大規模な処刑が行われた……処刑は滞りなく終了した。リトアニアで処刑したユダヤ人は合計七万一一〇五人である」。この報告から数日後、特別行動中隊（アインザッツコマンド）第三隊のカール・イェーガー大佐がカウナス（現コヴノ市）からベルリンへ報告を送った。

本日特別行動中隊第三隊は、リトアニアにおけるユダヤ人問題を解決した。リトアニアにはもはやユダヤ人は存在しない。ただし労働力として使っているユダヤ人とその家族はまだ残っている。その数はシャウレイが約四五〇〇人、カウナスが約一万五〇〇〇人、ヴィルナが約一万五〇〇〇人である。これらの残るユダヤ人も始末してしまおうと考えたが、行政官と国防軍の反対を受け、残るユダヤ人を始末することを禁じられた。

フランスのシュトルートホーフ強制収容所。1944 年末の時点で 13 の主要な収容所とおよそ 500 の小規模収容所が存在した

この報告文の後には、一九四一年九月からの、一日ごとの殺害数が表にまとめられていた。なお、殺害の方法は銃殺だったが、銃による大量殺害は実行する隊員に重い精神的負担を与えて

いた。負担を軽減するため他の殺害方法が検討され、一九四一年八月、試みとしてロシア兵捕虜がガスを使って殺害された。トラックに捕虜を詰めこみ、そこに排気ガスを送りこむという方法だった。

ソ連においてユダヤ人の殺害が進められていたころ、ゲットーのユダヤ人は、相変わらず飢えに苦しみながら労働に従事する毎日を送っていた。そしてゲットーでの二度目の冬が近づきつつあり、その冬の寒さを思うと恐ろしくなるほどだった。しかし、ソ連のユダヤ人たちのように殺される恐怖を味わっていたわけではない。またドイツ国内のユダヤ人も相変わらず迫害にさらされていたが、東方の惨状に比べれば、まだましな環境にいたと言える。

しかし、このそれぞれの地のユダヤ人すべてを死へと導く計画は、す

「自然は残酷である。よって我々も残酷であって当然なのである……ゴキブリのように増殖する劣等民族は始末してしかるべきではないのか？」ヒトラー（中央）の言葉

東部へ移送するユダヤ人を集めに向かうワルシャワ・ゲットーの警察官。移送先はトレブリンカ強制収容所だった。1942年7月

でに着手されていた。一九四一年七月三一日、ゲーリングは、ヨーロッパにおける「ユダヤ人問題の最終的解決」について、計画実行を委任する文書をハイドリヒに送った。これを受けたハイドリヒは、翌八月、安楽死計画の際「ガス殺」を担当していた専門家や技術者をポーランドの強制収容所へ派遣した。なお、安楽死計画は各所から反対の声を受けて同月に中止されていた。九月に入ると、ドイツ国内のユダヤ人にも、ポーランドのユダヤ人同様に「ダビデの星」を身に着けるよう義務づけ、一〇月には国外に出ることを禁止した。

そして同月、ブリンとリボブを結ぶ鉄道路線上に位置するベウジェツにおいて、新たな強制収容所の建設に着手した。その後ソビボルとトレブリンカでも建設が始まった。この三つの強制収容所は、ユダヤ人大量殺害を実行する場として特別に建設された、後に「死の工場」と呼ばれるようになる収容所である。一九四一年一一月、ハイドリヒは翌月はじめに開く会議への出席を求める文書を一五人のナチス高官に送った。文書には、七月三一日にゲーリングから受け取った「最終的解決」の委任状の写しが添えられていた。会議では、特別行動隊によるユダヤ人殺害が、ソ連において引き続き滞りなく進むよう、関係者間の調整が行われた。なおその後の一九四一年一二月七日、日本が真珠湾攻撃を決行してアメリカに宣戦布告し、それに続いてヒトラーもアメリカに宣戦布告している。

一九四二年一月二〇日、ハイドリヒはベルリン近郊のヴァンゼー湖畔に建つ邸宅で、大量殺害計画に関係する省庁の高官を集めて再び会議を開いた。すでにこの時点で、ウッチのゲットーのユダヤ人がヘルムノの強制収容所に送られて、ガス殺用トラックで殺害されるなど、大量殺害は一部で実行に移されていたが、この会議は、近く完成する三つの「死の工場」における殺害計画について話し合い、それに関する各省庁の役割を具体的に決めるためのものだった。

■ヴァンゼー会議

会議では、ハイドリヒの部下アドルフ・アイヒマンが議事録を作成し、その詳細を伝えているが、殺害することを「退去させる」と表現するなど独特の言い回しを使っている。またアイヒマンは会議に先立ちヨーロッパ全域のユダヤ人の数を調査しており、その数をおよそ一一〇〇万人と推計していた。会議ではまず、この一一〇〇万のユダヤ人をすべて殺害することを目標として掲げた。そして、ガス殺用にツィクロンB（青酸化合物を基にした毒ガス）を生産すること、列車を使って各地のユダヤ人をポーランドへ移送すること、親衛隊に収容所の監督と警備を任せること、ユダヤ人の財産については銀行に処理させるか競売にかけることなどが決められ、全ユダヤ人殺害という目標に向け、各省庁がしっかりと連携していくことが確認された。

大量殺害計画はラインハルト作戦と名づけられ、まず一九四二年の春から夏にかけてゲットーのユダヤ人の移送が行われた。ポーランドの数十万のユダヤ人が、およそ三〇ヵ月にわたる隔離生活の後、先に何が待ち受けているのかほとんど知らぬまま、強制収容所へ送られていった。

ワルシャワ・ゲットーからの移送は一九四二年の七月に開始されている。移送先はトレブリンカの強制収容所だった。なお、七月二二日、ワルシャワ・ゲットーのユダヤ人評議会議長アダム・チェルニャクフは、移送のため毎日最低六〇〇〇人のユダヤ人を鉄道駅に集めるよう命じられたが、命令に従うことを拒否し、自

ジプシーの収容所移送直前のようす。「劣等民族」のジプシーは９万人が殺害されたと推計されている。1938 年、オーストリア

ドイツから東部へ移送されるのを待つ老ジプシー。ナチスのジプシー政策は、ジプシーを排除したいと考える地方政府に影響を受けた。1940年5月

殺している。トレブリンカの収容所では、一九四三年までに七〇万人のユダヤ人が殺害されるが、そのうち四〇万人はワルシャワ・ゲットーから送られたユダヤ人だった。

他のゲットーのユダヤ人も、トレブリンカやベウジェツ、ソビボルの収容所に次々と移送されて、殺害された。一方、一九四一年秋から開始されたソ連西方地域におけるユダヤ人殺害も引き続き行われていた。また、ポーランド南部アウシュヴィッツの強制収容所やその他の収容所にも、大きなガス室と死体を処理するための特別な焼却炉が建設されていった。なお、強制収容所の焼却炉は企業が競って開発を行っており、そのことを示すように、焼却炉には各企業の商標を浮き彫りにしたプレートが誇らしげに取り付けられている。

ユダヤ人の大量殺害は、一九四一年後

半にソ連のユダヤ人を対象として始まり、一九四二年からはその対象がヨーロッパ全域のユダヤ人へと広がった。いわゆるホロコーストの主な犠牲者はユダヤ人である。しかしその他にも障害者やジプシーなどが大量殺害の対象となっている。ヨーロッパにおいて、流浪の民ジプシーは古くから盗人、怠け者、厄介者などと言われていたが、ナチスはそうした偏見に加えて、ジプシーを劣等民族と位置づけていた。

ナチスは政権に就くと、ジプシーを管理するために定住政策を進めた。しかしこの政策は定住地となる各地方の反発が強かった。一九三七年からは犯罪防止のための保護拘禁という理由で、男性のジプシーを強制収容所へ送るようになった。一九三八年にはヒムラーの主導で「ジプシーの害悪と戦う」ための法律が制定され、ジプシーへの迫害が強まっていった。なお、ジプシー政策に熱心だったのはヒムラーで、ヒトラーはさほど関心を示していなかった。『我が闘争』の中でもジプシーについてはなにも触れておらず、ジプシー政策についてはほとんど口を出すことなくヒムラーに任せていた。

■ジプシーの運命

戦争が始まると、ジプシーも殺害されるようになった。東方では、一九四一年からのソ連戦において特別行動隊による殺害が始まった。ドイツ国内では、一九四〇年の時点でオーストリアと合わせておよそ二万六〇〇〇人のジプシーが暮らしていたとされるが、まず一九四〇年五月にそのうちの二五〇〇人がポーランドのゲットーに移動させられ、続いて一九四一年一〇月から一一月にかけて五〇〇〇人がウッチのゲットーに移された。ゲットーでは食料が乏しく、

【左】オーストリアの強制収容所のジプシー（上）と強制収容所へ移送されるジプシー（下）。ナチスはジプシーを迫害したが、国家の敵とは見なしていなかった

43

チフスが流行して多数が死亡した。そして一九四一年一二月から、ヘルムノの強制収容所でガスによる殺害が始まり、四四〇〇人が犠牲になった。

一九四二年一二月一六日、ヒムラーはすべてのジプシーをアウシュヴィッツの強制収容所へ送るよう地方政府に命じた。ただしこの命令では「純血」ジプシーと「良い」混血ジプシーについては見逃してもよいことになっていた。しかし地方政府は自分たちの行政区からジプシーがいなくなることを望んでいたから、細かな区別などかまわなかった。その結果、一九四三年三月までに一万三〇〇〇人がアウシュヴィッツに送られた。ジプシーは「ジプシー家族収容所」と呼ばれる一角にまとめて収容され、一九四四年に大規模な殺害が行われた。その後ジプシー家族収容所には、ハンガリーのユダヤ人が収容された。ハンガリーからは何十万というユダヤ人が移送され、一九四四年五月一六日から殺害が始まった。

ドイツのジプシーは、二万二〇〇〇人が殺害されたと言われている。歴史家ミカエル・ジマーマンは、ヨーロッパ全体では九万人以上のジプシーが犠牲になったと推計している。なお、ナチスは「純血」ユダヤ人を根絶すべきまったくの悪と見なし、混血のユダヤ人に対してはその見方を若干緩める。しかしジプシーの場合はその逆で、混血のジプシーの方を嫌い、「純血」ジプシーよりも厳しく扱った。

■黒人と同性愛者

黒人と同性愛者は、大量殺害の対象となったわけではないが、ナチスによる迫害を受けた者たちである。黒人に対する迫害では次のような例がある。一九一九年、第一次世界大戦で敗れたドイツは、フランス軍にラインラントを占領された。占領軍には、フランスのアフリカ植民地の黒人兵も加わっていた。そしてその黒人兵とドイツ女性の間に多数の子供が生まれた。ヒトラーは『我が闘争』の中でこの混血児のことを「ラインラントの一万の私生児ども」と表現している。一般のドイツ人もヒトラー同様彼らを蔑視していた。そしてナチスは、政権に就くと、混血児たちの断種を行った。同性愛者に対しては、ナチス内部に嫌悪感や偏見がある一方、第一次世界大戦で失われたドイツ男性の代わりとして、ドイツの出生率向上に貢献させるべきというヒムラーなどの意見もあった。そのため心理療法による「治療」も試みたが、後年は強制収容所へ送るようになった。同性愛者はピンク色の逆三角形の印を囚人服に付けさせられ、看守や他の囚人から日常的に恥辱的な虐待を受けた。

ナチスは民族共同体をめざした。そしてそのユートピアを実現させるために、共同体にふさわしくないと見なす者を殺害していった。なかでもユダヤ人殺害は際立っていた。ポーランド人も第二次世界大戦中三〇〇万人が殺されたし、ロシア人も民間人や捕虜が多数殺されている。しかしナチスには、ポーランド人やロシア人をすべて殺してしまおうという意図はなかった。しかし、ユダヤ人については、すべてを殺してしまおうとした。ひとつの人間の集団を抹殺しようという、歴史上まれに見る試みであった。ナチスは、ベウジェツ、ソビボル、トレブリンカに、大量殺害を可能にする施設を備えた収容所を建設した。そしてこの「死の工場」において、それを一九四三年に解体するまで、ユダヤ人を殺し続けた。ポーランドのユダヤ人はそのほとんどが殺害された。もしも、ナチスが戦争に負けていなかったら、ユダヤ人は本当にヨーロッパから消し去られていたのかもしれない。

第一〇章 軍と兵役

一九二〇年代のドイツの軍は、政治から独立した存在だった。しかしナチスが政権に就くと、ナチスによる軍の教化が始まった。そしてナチスの思想に染め上げられた軍は、第二次世界大戦で惨劇を引き起こした。

ヴァイマル共和政期、ドイツの軍は政治からの独立を誇っていた。いかなる政党にも従属せず、いたずらに政治に関与することはなかった。ヴァイマル共和政期の軍は、第一次世界大戦の敗北によるドイツ帝国崩壊後の一九一九年三月六日、まず、暫定的国防軍として設立された。主にドイツ帝国軍の兵士たちで構成する、四三個師団を有する軍だった。それが一九一九年一〇月一日、過渡的国防軍として二〇個師団に縮小され、さらに一九二〇年一〇月にはヴェルサイユ条約によって兵力が一〇万人に制限された。その後の一九二一年一月一日、名称をヴァイマル共和国軍と改めた。ヴァイマル共和国軍は、陸軍と海軍からなる軍だった。ナチス政権誕生後は再び名称を改め、一九三五年五月二〇

ベルリン郊外で訓練中のヴァイマル共和政期の砲兵隊。この時期の軍は兵力を 10 万人に制限されていた。1924 年

日より、ドイツ国防軍と称されるようになった。ヴァイマル共和国軍の将校には、右派寄りで国家主義的な思想を持つ者が多かったから、どの政党からも完全に独立していたと言えば誇張になるかもしれない。しかし基本的には政治に関与することはなかった。また軍は、相当の権限を認められていた。ところが、一九三三年一月にナチスが政権に就くと、政治から一定の距離を保っていた軍がその独立性を失った。軍は、たちまちのうちにナチスの軍へと作り変えられてしまったのである。

ヒトラーが軍を支配下に置こうと考えたのは当然のことである。自らを唯一絶対の権力者として、いわゆる指導者原理を唱えるヒトラーにとって、軍の独立など許されることではなかった。また軍の武力によって政権が脅かされる可能性もあり、それを防ぐためには、軍をナチスに従順な組織へと作り変えておく必要があった。

また、生存圏を拡大するという夢を抱く

機動演習を行うヴァイマル共和政期の歩兵隊。小規模ながら、軍には優秀な将兵がそろっていた。1926年

鵞歩行進を教わる新兵。ヒトラーは再軍備を宣言し、徴兵制を復活させた。1937年

ヒトラーにとって、夢を共有し、その夢の実現に向かって戦う軍が必要だった。ヒトラーは、ドイツ民族を他の民族よりも優秀だとし、それをひとつの理由にして他民族迫害を正当化したが、生存圏の拡大についても、優秀なドイツ民族が領土を広げるのは正当なことであると主張していた。また領土拡大にあたっては激しい戦いが予想され、その戦いに勝つためには時に残酷な行為も行わなければならないが、それも「劣等民族」に対するものであるから正当な行為であるとしていた。そして、生存圏拡大の戦いに勝つためには、軍は大きくて強いばかりでなく、ヒトラーの思想を共有し、たとえ残酷で人道に反するような任務であってもためらうことなく遂行し、戦時の国際的な法や慣習を破ることも辞さな

模型の戦車を使い、機械化戦争に備え訓練するヴァイマル共和政期の軍。模型の使用は一見こっけいだが、こうした訓練が基礎となって後に強力な装甲師団が生まれた

誕生日のパレードでⅠ号戦車の列を眺めるヒトラー（先頭車の助手席の人物）。機械化戦争への備えは 1920 年代から始まっていた

いような軍でなければならないと考えていた。ヒトラーは、一般の常識や道徳観にとらわれず、ひたすらナチスの思想に基づき行動する軍を欲した。

ナチスの思想をよく理解し、忠実で、生存圏拡大の戦いにおいて役立つ軍。そのような軍に作り変えるためには、まず、軍が伝統的に持つ政治からの独立という信条を捨てさせること、そして思想教育を施すことが必要だった。

そしてもちろん軍の増強も行わなければならなかった。軍を増強する動きは、若いドイツ男性たちの人生に大きな影響を及ぼすことになった。ナチスは、一九三五年三月に再軍備宣言を行い、その後徴兵制を復活させた。徴兵制の復活によって、若いドイツ男性は、それまで軍とは無縁の生活を送っていた者も、兵役に就かなければならなくなったのである。

■ナチスの軍

徴兵制の復活によって、若いドイツ男性は人生を変えられてしまうことになるが、兵役では単に軍事訓練を受けるばかりでなく、ナチスによる思想教育も受けなければならなかった。この思想教育によって、ドイツ男性はさらに大きく人生を変えられてしまうことになる。ナチスは、思想教育によってナチスに従う個人を作り出すことで、軍全体をナチスに従う組織に作り上げようと考えていた。

■ヒトラーへの忠誠

ナチスが政権に就いた後、軍に大きなふたつの変化が起こった。

ナチ党の日、総統ヒトラーの前を行進する警察隊。再軍備にともない、準軍事組織である警察から多くの警察官が軍に入り、新しい部隊を作った。1937 年

まず一九三四年二月、ナチスのシンボルであるスワスティカの印が、軍の紋章や記章、旗、制服に取り入れられることが決まった。そしてその六ヵ月後、軍の忠誠宣誓が新しくなった。ヴァイマル共和国軍の宣誓は「ヴァイマル憲法に忠実」であり「大統領に従う」ことを誓うものだったが、新たな宣誓はヒトラーに忠誠を誓うものだった。宣誓の文句は次のとおりである。

わたしは、ドイツ国とドイツ国民の総統であり、国防軍の最高司令官であるアドルフ・ヒトラーに忠誠を尽くし、いかなるときも命を賭《と》して勇敢に戦うことを、神にかけて誓う。

軍は、ナチスのシンボルを軍に取り入れ、新しい忠誠宣誓を受け入れた。このことは、軍が政治からの独立という伝統的な信条を捨て、ナチスの支配下に入る道を選んだことを意味するものだった。なお、戦後、国際法に違反した罪で裁判にかけられた軍人の多くが自分たちの行為について、忠誠宣誓に基づき、やむを得ず行ったことであるという主張を展開している。

■アーリア人の軍

ナチスに従う道を選んだ軍は、ナチスの思想に沿うかたちでさらにその姿を変えていった。例えば一九三四年二月、国防相ヴェルナー・フォン・ブロンベルクがユダヤ人隊員五〇人を軍から追放した。ブロンベルクは、ヒトラーのことを、強いドイツを復活させる力を持つ人物と見込んで積極的に支持する姿勢を取った人物であり、この決定もヒトラーから指示されたわけではなく、ナチスの「アーリア条項」に基づき自らの判断で行った。同年一二月には、陸軍総司令官ヴェルナー・フォン・フリッチュが軍令を出し、隊員がユダヤ人女性と結婚することを禁じた。軍令には「軍人は、アーリア人女性の中から妻とする女性を探すべきである」とも記されていた。また一九三五年七月には、隊員がユダヤ人経営の商店を利用することを禁じた。ブロンベルクはこの決定を下すにあたって「非アーリア系の商店を利用するなどということは、新しいドイツ国の学校としての役割を担う国防軍のなすべきことではない」と述べている。

これらの命令による影響は、実質的には小さなものだった。軍にはユダヤ人隊員がそれほど在籍していたわけではないし、ユダヤ人女性と結婚する隊員ももともと多くなかった。また軍人の客を失ったくらいで、ユダヤ系商店が潰れるわけでもなかっ

国防相ブロンベルク（中央）。その後方に立つのは陸軍総司令官ヴェルナー・フォン・フリッチュ。ふたりはナチスを支持する姿勢を兵士に示した

兵器展示会においてヒトラー（中央）に説明するブロンベルク（手を上げた人物）。ヒトラーに忠誠を誓い、軍に範を示した

た。ただここで重要なのは、軍自らがナチスの思想に従い、アーリア人のみで構成される軍へ変わろうとしたことである。そしてその後、徴兵によって数百万という兵力を有するようになる軍において、アーリア人であるドイツ民族の優秀性が説かれるようになるのである。

■軍の増強

ナチスが政権に就いてからの数年間で、軍はナチスのシンボルを取り入れ、ヒトラーに忠誠を誓い、ナチスの思想に沿ってその姿を変えていった。一九三四年五月には、ブロンベルクが次のような軍令を出し、軍がナチスに従うことを明確に示した。

国家社会主義という理念は、ドイ

思想教育を受ける18歳の新兵。こうした指導によって親ナチスの兵士が育っていった。1938年

ツ国民の生存のために導き出されたものである。それゆえドイツ国民はみなその理念に基づいて行動しなければならない。ドイツ兵士もまた、血によって結ばれたすべてのドイツ国民の未来のため、この理念に基づいて行動しなければならない。

ヒトラーは、軍を従順で忠実なナチスの軍に作り変えることに成功した。目標をひとつ達成したヒトラーが次にめざしたのは、軍の増員だった。

しかし、ナチスが政権に就いた一九三三年当時、ドイツ軍はヴェルサイユ条約によって、一〇万人以上の兵力を持つことを禁じられていた。総兵力がそれ以上になれば、条約違反で制裁を加えられるおそれがあった。だから、増員するならば、それは秘かに行

理想の兵士を育てるため、ドイツ少年団にも思想教育が施された。1937 年

東部戦線でロシア人を捕らえたドイツ兵士。思想教育の結果、ドイツ兵士はロシア人を人間以下と見なすようになった

わなければならなかった。

■徴兵

問題はそれだけではなかった。兵士を増やすには、その前にまず、増員に対応できるだけの兵営や練兵場、酒保、兵士指導官、軍服といったものを用意する必要があった。用意が整わないうちに兵士を増やしても、軍に混乱をもたらすだけである。

よって増員は少しずつ行われた。また、新しい兵士にはいくらか軍事経験を持つ者が優先的に選ばれた。一九三四年から一九三五年にかけて新しい兵力として軍に入った者には、地方警察と秩序警察の警察官が多い。警察官は「市民の騒乱」に対応するために一九二〇年代から基本的な軍事訓練を受けていたからである。警察は準軍事組織であったため、警察官たちはそれほど抵抗なく軍の兵士となっていった。

ナチスは、最初の二年間は少しずつ兵士を集めていたが、一九三五年三月に再軍備宣言を行い、その後徴兵制を復活させた。ナチスは二年の間に巧みな外交を進め、その結果、軍備拡張を行ってももはや制裁を加えられることはないと判断したからである。そしてこのころまでには、大幅な増員にも対応できるだけの施設や訓練体制も整えられていた。一九三三年のころのように増員をためらう理由はもはやなくなっていたのである。またナチスは、ヒトラーが理想とするナチスの軍を作るための用意として、青少年にも、ヒトラー・ユーゲントの活動を通して軍事の基礎を学ばせ、思想教育を施していた。そして彼らが一八歳になると軍へ送りこんでいった。

■軍とナチスの思想

ヒトラー・ユーゲントにおいて行われていた思想教育は、軍でも熱心に進められた。国防相ブロムベルクは一九三五年四月一六日、次のように述べている。

徴兵制の復活により、国防軍は国家教育のための学校となった。アドルフ・ヒトラー

名将エーリッヒ・フォン・マンシュタイン。ソ連戦で第11軍を指揮し、ユダヤ・ボルシェヴィズムに対しては慈悲は無用であると兵士に説いた

は軍における教育の重要性を強調している。一九三四年五月一日、国防軍は「新しいドイツ国民を育成するための国家的かつ社会的な教育の場」としての役目を与えられた。『我が闘争』においても、軍における教育がいかに大切であるかが述べられている……また総統は、兵役をまっとうして初めて一人前のドイツ国民として認められるのだとも語っている。軍は、家庭、学校、ヒトラー・ユーゲント、労働奉仕において行われた青少年教育の総仕上げを行わなければならないのである。そして武器の用い方といった兵士としての基礎的な訓練を施すとともに、ドイツ国民であることを自覚させ、国家に対する国民の義務について教えなければならないのである。

一九三六年に入ると、幕僚大学や士官学校の教官を集めた講習が開かれるようになった。教官はこの講習で、ナチスのプロパガンダ担当者から思想教育を行うにあたっての知識やこつを学んだ。そして、毎週行われる思想教育のための授業で、国家社会主義の理念を生徒たちに教えこんだ。またナチスは、ナチスの思想を伝えるための小冊子やチラシを作成して配布したり、党の機関紙『フェルキッシャー・ベオバハター』を無料で軍に提供したりした。

また演説会を頻繁に開き、ラジオによるプロパガンダ放送も盛んに行った。とくに演説会は大きな効果を上げていた。例えば一九三六年、ヘルマン・ゲーリングがプロイセン国会議事堂に一〇〇〇人の士官候補生を集めて演説を行っているが、そのとき空軍士官候補生として演説を聴いていたヨハネス・シュタインホフは次のように回想している。

ゲーリングは一時間ほど話し続けた。話しぶりは劇的ながら平易な言葉を使い、兵士としての不名誉や恥について、生存圏を拡大することの正当性について語った。また彼は、報復すべき相手には必ず報復するとも語った。「そして君たちへもわたしからの報復はありうるのだ」という文句で演説が締めくくられたとき、わたしは、ともかくナチスのために全力を尽くさなければならないのだという思いになった。おそらくあの場に居た人間は誰もが、そういう思いをかき立てられたのではないだろうか。

ナチスはあらゆる手を使って思想教育を行ったが、そのなかでもっとも強調したのは、アーリア人であるドイツ民族の優秀性である。そして他の民族はドイツ民族より劣り、とくにユダヤ人とロシア人はドイツ国民の敵であるということを兵士に叩きこんだ。また、ドイツ民族が生存するためには生存圏の拡大が必要であること、土地は「劣等民族」から奪取すべきであることを繰り返し説いた。そしてドイツ国の指導者アドルフ・ヒトラーは超人的な天才であり、ドイツ民族をすばらしい未来へと導く人物であるため、ヒトラーの指令はいかなる犠牲を払っても遂行しなければならないとも説いた。ナチスによる兵士の教化は進んだ。それにともなって軍全体の性格も大きく変化していった。そして戦争が始まると、その性格をあらわにした。

とくに一九四一年六月に始まったソ連との戦いでは、ドイツ軍によって数知れぬ残虐行為が行われた。それを否定する声もよく聞かれるが、ドイツ軍による蛮行は確かにあったし、それはさほど驚くことでもないのである。というのも、数年にわたる強烈な思想教育を受けた結果、ドイツ兵士の多くが、ロシア人を人間以下の存在と見るようになっていたからである。ロシア人は虫けらのように扱われた。またユダヤ人も同様に扱われた。とくにナチスはバルバロッサ作戦の開始前後、ナチスの民族観を執拗に説いた。例えば一九四一年一〇月一〇日、ヴァルター・フォン・ライヒェナウは自身の率いる第六軍に対し次のように述べている。

この戦いの目的は、ユダヤ・ボルシェヴィズムを打倒することであり、ヨーロッパ文化圏をその侵略から守ることである。この戦いは、これまでにない戦いとなる。兵士は、兵士として戦うのみならず、ドイツ民族として戦わなければならない。ユダヤ人は、ドイツ民族に対して悪逆の限りを尽くした。それに対する報復を行わなければならない。そしてその報復が、ユダヤ人という人にあらざるものに対する正当な行為であることを理解しなければならない。

ヴァルター・フォン・ライヒェナウ陸軍元帥。ソ連戦において、ロシア人とユダヤ人の殺害命令を出した。1942年に脳卒中で死亡した

もしライヒェナウが一九四二年に脳卒中で死亡していなかったら、間違いなく戦争犯罪人として告発されていただろう。また、名将とうたわれたエーリッヒ・フォン・マンシュタインも、指揮を執る第一一軍を前にして「ユダヤ・ボルシェヴィズムは一掃されなければならない。恐ろしいボルシェヴィズムを広めようと企むユダヤ人に対しては容赦ない処置を取らなければならない」と説いた。

こうした言葉に多くの兵士が刺激され、その言葉に従って行動した。ドイツ兵士がロシア人やユ

ダヤ人についてどのように考えていたのかは、彼らが東部戦線から本国の恋人に送った手紙からうかがい知ることができる。ある上等兵は「地上でもっとも下劣で汚らわしいもの」と表現し、別の兵士は「この世のクズ」と呼び、「やつらは人間ではなくてケダモノなんだよ」と続ける。ひどい表現が並ぶが、これらはまだ穏やかな方の例である。ある兵士は「畜生」と呼び「あいつらには、どんなにひどい死を与えたって足りないくらいさ」と書き送っている。東部戦線において「疫病を退治する」任務に就いていることへの満足感を綴った兵士もいた。

　ドイツ兵士によってなされた蛮行のひとつは「徴発」である。ドイツ兵士は占領地の住民を銃で脅しながら、食料や所有物をことごとく取り上げていった。ドイツ軍はそれを徴発と言っ

1942年、セバストーポリでは2万5000人のロシア人が捕虜となった。そのほとんどが、飢えや労働、病気によって死亡した

爆弾穴にたまった水を飲む捕虜。東部戦線の捕虜には食べ物や水がほとんど与えられなかった

東部戦線でドイツ軍に捕らえられたパルチザン。ドイツ軍の蛮行に報復するため、パルチザン活動に加わるロシア人が増加した

たが、実質は武装強盗と変わらないものだった。住民が悲惨な状態へ追いこまれたことは、ドイツ軍の記録から知ることができる。第一二歩兵連隊は次のような報告書を出している。「目ぼしいものはすべて取り上げた……住民は食べるものがほとんどない状態だ。飢えに耐え切れずにドイツ兵のもとへやって来て食べ物を乞うロシア人もいる。中には、食べ物をくれないのならいっそのこと銃で殺してくれと願う者もいる」

また、ドイツ兵士は抵抗運動を行った住民を銃殺や縛り首、その他の方法によって殺害している。抵抗運動に対しては集団懲罰という方法を取っていた。村のひとりが抵抗したとして、村人全員を殺害した例もある。ロシア兵士に食料を提供するといったささいな行為も抵抗運動と見なして殺害した。

パルチザン活動への報復としてドイツ軍が火を放ったロシアの村。村人全員が処刑されることもあった

パルチザンと思われるロシア人を逮捕する親衛隊。ヒムラーはソ連戦について「我々が行っている戦いは民族の戦いなのである」と語っている

しかし、住民の殺害は、抵抗運動を行った疑いがあるというだけで行われた例が大多数である。一九四一年一二月、パルチザン活動によって六人のドイツ兵士が死亡した際は、一六の村に火を放ち、四四八人の村人を殺害した。

また、占領地の住民を連行して、ドイツ軍のための作業に従事させた。食事もまともに与えず、まさに奴隷のように死ぬまで働かせた。労働力として役に立たないと見れば、零下四〇度にもなる戸外へ放り出し、そのまま凍死させることもあった。またドイツ軍は焦土作戦も行っているが、その際、男性は労働力として連行され、老人と女性と子供は零下の野に取り残された。

捕虜に対する扱いもひどく、投降してきたロシア兵士をその場で即座に射殺することも多々あった。ドイツ兵士はその行為を咎められないために、ロシア兵士が「パルチザン」である疑いがあったから射殺したという方便をよく使った。捕虜の銃殺が横行したため、上官らから銃殺は止めるべきだという声も上がったが、それは人道上というよりも、実際的な理由があったからである。「ドイツ軍が捕虜の虐待や銃殺を行っているということが知れたら、赤軍兵士は恐れて投降しなくなり、その代わりに徹底的に抵抗するようになる」と考えられた。そうなればドイツ軍にとってはやっかいなことだった。しかし結局は、なにかしらの防止策が取られるわけでもなく、懸念していたとおりの事態を招きながらも、虐待や銃殺は続けられた。

　捕虜には、銃殺を免れたとしても過酷な運命が待っていた。ドイツ軍は、捕虜が怪我を負っていても治療を施すことを禁じていた。そのため重傷者はただ死を待つしか

親衛隊に処刑された「人間以下」のロシア人。見せしめとして公開処刑が行われていた

「戦いでは好きなようにやればよい。パルチザンなどは吊るすなり、逆さにするなり、八つ裂きにするなり、好きに始末すればよい」国防軍作戦部長アルフレート・ヨードルの言葉。1946年絞首刑に処せられた

なかった。自力で回復できたとしても、その後ほとんど食べ物を与えられない状態で、ドイツ軍のための厳しい作業を負わされたから、衰弱して死亡してしまう者が多かった。なんとか生き延びて終戦を迎えることができた者にしても、その後生きていられたのかどうかは分からない。というのも、スターリンは、投降した兵士を裏切り者と見なしていたからである。

東部戦線において、ドイツ兵士は多くの恥ずべきことを行った。もちろんそのことのみをあげつらうべきではなく、ドイツ兵士として立派に戦った者が少なからずいたことも確かである。しかし、兵士や民間人に対してさまざまな残虐行為が行われたこともまた確かなのである。歴史家オマー・バルトフも

ドイツ陸軍と閲兵するヒトラー。ドイツ軍はソ連戦においてナチスの思想に基づく数知れぬ残虐行為を行った。しかしそのドイツ軍もやがて破滅する

指摘するように、一九二〇年代に政治からの独立を誇っていたドイツ軍は、一九三三年からその独立性を失いナチスの軍へと変質した。思想教育を施された兵士はヒトラーを絶対の指導者と仰ぐようになり、ドイツ民族の優秀性を信じながら、生存圏拡大のため東方へと向かっていった。そしてそこで残酷な方法による戦いを繰り広げた。かつて大ドイツ（グロースドイッチュラント）師団の一員だった兵士が書き残しているように、その戦いでは「人が人でなくなった」。それがまさにヒトラーの作り上げた軍の姿であった。

第二章

戦争と国民

第二次世界大戦の最初の二年間、ドイツ国民の生活はある程度の水準を保っていた。しかしソ連戦やドイツ本土への空爆が始まった一九四一年以降は物資が不足し始め、国民生活は厳しくなっていった。

一九三九年九月、ドイツ国民は不安とともに戦争の始まりを迎えたが、毎日の生活は、心配していたほどには悪くならなかった。その理由のひとつは、開戦後しばらくドイツ本土への攻撃がほとんど行われなかったからである。イギリスとフランスはドイツに宣戦布告したもの

「まやかし戦争」のころの、ある小さな町の風景。みなでのんびりとダンスを楽しんでいる

第一次世界大戦後のドイツ兵士。ナチスは「背後の一突き」論を信じていた

の、両国とも明確な戦略を描いていたわけではなかった。そのため、開戦から数ヵ月間はドイツへの攻撃は皆無に等しかった。この時期は「まやかし戦争」あるいは「座り込み戦争」と呼ばれるように、戦争など行われていないのではないかと思われるような状態だった。

国民生活や経済状況が悪くならなかった理由としては、戦争初期、ヒトラーが電撃戦という戦術をとっていたことも挙げられるだろう。電撃戦によって短期間で勝負をつけていたため、経済的な負担が最小限で済んでいたのである。

■戦争への備え

国民の生活に目立った変化が起きなかったのは、一九三九年の時点で戦争の準備がある程度できていたからでもある。ナチスは『四ヵ年計画』に基づ

郵便局を訪れたベルリン市民。1942年はじめ

き、一九三六年から莫大な予算を投じて軍備拡張を進め、いつでも戦争ができるような環境を整えていた。そのため戦争が始まったからといって、国民に特別な負担を課す必要はなかったのである。別の言い方をすれば、ナチスは戦争が始まる三年前からすでに、戦争の負担を国民に負わせていたということだ。だから国民に経済的な負担をそれほど感じさせることなく、戦争を進めることができたのである。

またナチスは、社会が不安定な状態に陥ることのないよう注意を払っていた。ヒトラーは、第一次世界大戦でドイツが敗北したのは、軍に原因があったのではなく、ドイツ国内の大衆蜂起のせいであるとする、いわゆる「背後の一突き」論を信じていた。しかしこれは真実ではない。一九一八年、ドイツ政府は、退却を続ける軍にもはや戦い続ける力はないと判断し、連合国軍との休戦協定に署名したのである。しかしこの敗北について将校たちは、戦争に負けたのは軍のせいではなく、国内の革命への動きが原因だったと責任転嫁を行った。革命への動きが軍に波及し、それによって軍の統制が失われたために敗北したのだと主張した。この将校たちの言葉を国民の多くが信じた。ヒトラーもまた信じた。そして自身が行う戦争においては、民心が離れるようなことが起こってはならないと固

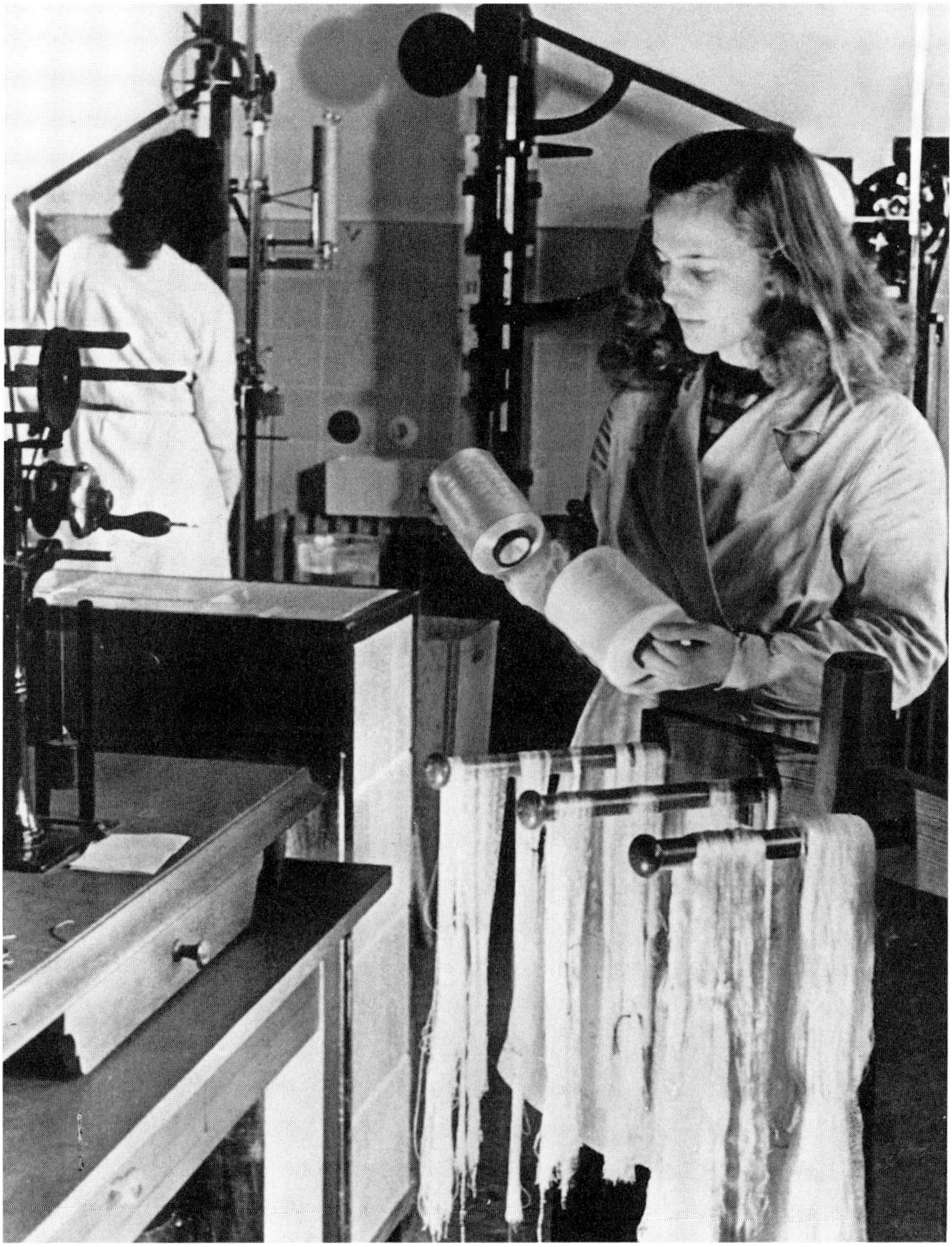

人工シルクの開発が行われているところ。ナチスは当初、国民の生活向上のために食料供給や生活品生産にも力を入れていた。1934年

く思っていた。そのため戦争が始まると、社会の空気に注意を払い、国民の間に不満が広がるような政策はできるだけ避けるようになった。例えば一九三九年九月四日、ナチスは賃金の切り下げと、週末手当、夜勤手当、休日手当の減額を行うことを決定したが、国民からの反発が強かったためその決定を撤回している。

以上のような理由により、戦争が始まってもドイツの経済や社会の状況が大きく変化することはなかった。軍需品の生産は当然伸びたが、化粧品や靴下といった生活品の生産も縮小されることなく続けられた。さまざまな物資が配給制となったものの、配給量は十分だった。食料もたっぷり配給された。一九三九年から一九四一年の間で見ると、配給される食料のひとり一日当たりのカロリーは、二四三五キロカロリーから二四四五キロカロリーと増加している。賃金と物価の

戦時の配給券発行が行われているところ。配給される食料のカロリーは戦時中でも増加した

統制が行われたため、第一次世界大戦のときのような激しいインフレに陥ることもなく、経済は安定していた。人によっては、戦争のおかげで生活の質が向上する場合もあった。

またドイツは一九四〇年半ばまで勝利を重ね、ポーランド、デンマーク、ノルウェー、ベネルクス三国、フランスを次々と占領していったため、労働力や資源を豊富に手に入れることができるようになった。占領地から労働力や資源を奪い、国内へ供給していたのである。

冬用の麦わら靴を選ぶ女性。戦時中は税金が上がり一般国民の家計は厳しくなっていた。1943年冬

■戦争による損失

ナチスは、占領した国以外の周辺諸国に対しては「経済協力」を求めた。戦争開始からドイツの軍事力を見せつけられていた各国は、ヒトラーを怒らせるのは危険だと考え、その要求に諾々と従った。そのためナチスは良い条件で物資を輸入することができた。スウェーデンからは鉄鉱石、ルーマニアからは石油、ソ連からは穀物を主に輸入した。

1940年軍需相に就任したフリッツ・トート。アウトバーン建設総監も務めた。1942年2月飛行機事故で死亡した

なお、戦争が始まってからの二年間、ドイツ国民の生活の質がまったく落ちなかったという意見もあるが、それは言いすぎであろう。食の場合、確かに食料の配給量は十分だったが、その内容は充実していたとは言えない。じゃがいもをはじめとするいくつかの主要食物が配給されない時期もあったし、肉やバター、砂糖、卵、牛乳なども配給量はたいへん少なかった。お茶やコーヒーといった嗜好品はすべて、混ぜ物がかなりの割合で入っているものか、代用物だった。例えば、大麦を炒ったものがコーヒーとして支給されていた。また、統計では生活品の生産量が戦前と同じ水準を維持しているため、一見国民は満たされていたように思えるが、衣類など生活品の多くが兵士たちへ優先的に供給されていたため、一般国民の分は不足しがちだった。なお、国民車の製造は、戦争が始まると軍用車の製造へと切り替えられている。

もうひとつ、戦争開始とともに税金が上げられたことも指摘しておかなければならない。戦争は、とかく金のかかるものである。ナチスは占領地からも戦争資金を調達していたが、国内では所得税や物品税、酒税、タバコ税などを軒並み引き上げ、戦争資金の不足を補った。税金は戦前と比べ全体で倍に増えた。国民はその分を切り詰めなければならなくなり、戦前と同じようにものを購入することはできなくなった。

このように、国民生活の質がまったく変わらなかったわけではない。しかし確かにそうとも言いたくなるほど、戦争中である割には良い暮らしをしていたのである。その暮らしが、一九四一年の冬から急速に悪化し、にわかに戦時色を帯びるようになった。一九四一年六月二二日から続くソ連戦の戦況が思わしくなく、その上同年一二月一一日にアメリカとも開戦したため、戦争体制を強化せざるをえなくなったからである。電撃戦によって軽々と勝利を収めていたヒトラーは、ソ連との戦いもバルバロッサ作戦によって短期間のうちに勝利するだろうと考えていた。しかし、かつてスウェーデン王カール一二世やナポレオンがそうであったように、ヒトラーもまた、ロシアの地における戦いの難しさを知ることになった。ロシアは広大であるため補給が容易ではなかった。やがて冬が訪れると気

軍需工場において仕事の指示を受ける初老の男女。戦争が進むにつれ、高齢の国民も労働力として駆り出されるようになった

空爆開始とソ連戦の戦況悪化でドイツ国民は苦境に陥った。野外の水道を使う女性（左）と食料とする野菜を育てる一家（右）

温は零下三〇度まで下がって大地は雪と氷に閉ざされた。またソ連軍はたいへん手強く、戦いは消耗戦の様相を呈し始めていた。それに加えてアメリカとの戦いも始まり、戦争は長期化することが予想された。

ナチスは政策の見直しを迫られた。長期戦に向けた軍需品の増産が急務となった。そこでナチスは軍需省において、兵器をはじめとする軍需品の生産体制を見直し、無駄な部分を取り除きながら効率化を推し進めた。なお、軍需相にははじめフリッツ・トートが就任したが、一九四二年二月に飛行機事故で死亡したため、その後はアルベルト・シュペーアが引き継いで指揮を執っている。しかしそれは見事に成功した。しかしそれは生産体制の効率化だけで達成されたわけではない。軍需品を増産するためには、生活品の生

1942 年から軍需相を務めたアルベルト・シュペーア。軍需品の増産を成功させた。戦後、奴隷労働者を使用した罪で 20 年の刑を宣告された

産を犠牲にしなければならなかった。それによって国民の生活が悪化することはナチスも十分に承知していた。一九四二年一月一〇日には次のような「軍備に関する総統命令」を出している。

より多くの原料と労働力が必要となっている。東部防衛にあたる軍のために、武器、弾薬、その他の軍需品をできるかぎり多く製造しなければならないからである。現在生活品の生産のために使われている原料や労働力は、今後軍需品の生産のために使わなければならない。

軍需品の増産とともにもうひとつ行わなければならないことがあった。それは兵力の補充である。東部戦線では激戦によって多くの兵力が失われていたからだ。召集は大規模に行われた。突然の大々的な召集は、召集された男性の家族ばかりでなく、国民全体に戦争

連合国軍の空爆で瓦礫となった住居を眺めるドイツ人一家。防空壕に逃れたため命は助かったのだろう

の現実を突きつけるものとなった。

軍需品の生産は進み、男性は次々に戦場へ送られていった。一方、戦争中でありながら比較的穏やかだった国民の生活にも終止符が打たれた。そしてドイツ社会は軍の召集によって、たいへんな労働力不足に陥り、労働力の確保を行わなければならなくなった。

イギリスでは、徴兵にともなう労働力の不足を補うために、女性が工場などに大量に動員された。しかし、ドイツでは女性の大規模な動員は行われなかった。というのも、ドイツではすでに多くの女性が社会に出て働いていたからである。一九三九年の時点で、六〇歳以下の未婚女性の八九パーセント、既婚女性の三六パーセントが職に就いていた。またナチスは、女性が社会に出て働くことを嫌い、とくに小さな子供を持つ女性は家庭に居るべきだという考えを持っていたから、労働力となりうる女性はまだ残っていたものの、動員には消極的だった。女性には労働義務を課す決定も行っているが、なにかしらの理由があればその義務を簡単に免除したため、動員は進まなかった。

ドイツの戦時中の労働力

空爆による破壊を免れたケルン大聖堂。1942年5月30日夜から31日未明にかけて、イギリス空軍の1000機の爆撃機隊が、ケルンの街のほとんどの建物を破壊した

不足を補ったのは、主に外国人労働者と捕虜だった。その数は一九四四年時点で七〇〇万人に上った。ナチスはこの大量の外国人労働者や捕虜を奴隷のように働かせた。こうした労働力の補充によって、ドイツの生産活動はなんとか続けられていった。一方、国民の暮らしは厳しくなるばかりだった。配給される食料の一日分のカロリーを見ると、一九四四年の冬には、一日に最低限必要とされる一八〇〇キロカロリーにも満たなくなっていた。そして、男性の召集はますます進み、引き裂かれる家族はますます増えていった。

■連合国軍の爆撃作戦

迫り来る赤軍侵攻の日を「解放の日」とふざけて表現したポスター。ドイツ国民は日夜の空爆よりも赤軍を恐れていた

ドイツ国民の生活が一転した理由はもうひとつあった。それはドイツ都市部への空爆の開始である。「まやかし戦争」の状態にあったイギリスが「総力戦」でドイツに臨むことを決意し、一九四二年、新たに参戦したアメリカとともに、ドイツの戦争遂行能力を破壊すべく空爆に乗り出したのである。アメリカ陸軍航空軍（USAAF）とイギリス空軍（RAF）による昼夜の爆撃開始によっ

ヒトラーの誕生日に掲げられた旗。「ドイツ国の最初の労働者アドルフ・ヒトラーを歓迎する」と書かれている。空爆を受けても多くのドイツ国民が士気を失わなかった。1944年4月20日

て、ドイツ国民は、ヨーロッパ諸国の国民がドイツ軍によって味わわされていた近代戦争の恐怖を自らも味わうことになった。

連合国軍は当初、軍需工場などの軍事施設のみを爆撃対象にしていた。しかし、軍事施設はドイツ軍による守りが固いため攻撃が難しく、夜になれば目標を正確に爆撃するのは至難の業だった。そのためとくにイギリス空軍は地域爆撃作戦をとるようになった。地域爆撃は、軍事施設よりも住居の密集する地域を重点的に爆撃し、人的資源を抹殺することで生産能力の減退を狙う作戦である。住宅地域は、範囲が広いため爆撃の際に正確さが必要なく、さらに建物を破壊しやすいという利点があった。防衛体制も弱く、ドイツ軍の

■地域爆撃

地域爆撃作戦は、一九四二年三月末、イギリス空軍によるリューベック攻撃から始まった。イギリスがバルト海に面するこの港湾都市を最初に選んだのは、街がまとまっており、かつ半木造家屋が多かったため、比較的容易に破壊できると考えたからである。それからさらに何ヵ所かバルト海沿岸地域を爆撃した。その後爆撃範囲は内陸部へ移り、南部のミュンヘンやアウグスブルクまで拡大した。連合国軍がとくに重点を置いたのは、重工業地帯であるルール地方とベルリンである。空爆の規模や方法は都市によってさまざまで、例えば一九四二年の工業都市デュースブルクの空爆では、一二五〇〇ト

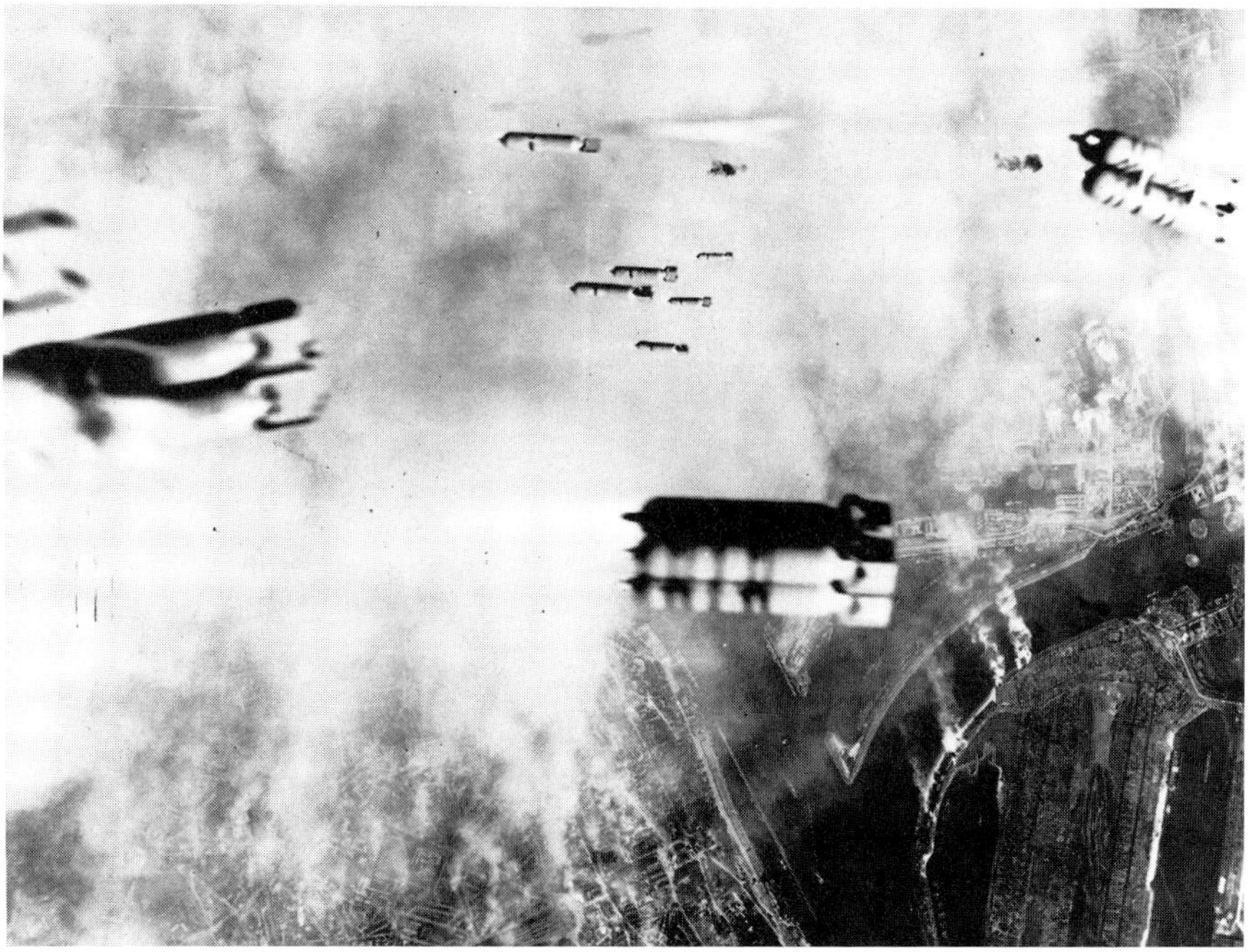

ハンブルクに落とされる焼夷弾。この空爆時のようすをドイツの報告書は次のように伝える。「街の中に高熱の非常に強い風が起こり……それがたちまち炎の竜巻となった」1943年7月

ンの爆弾が投下されているが、ニュルンベルクの場合は重要性の低い都市であるため爆弾の量は三〇〇〇トンほどにとどまっている。ケルンは、一九四二年五月に一晩で一〇〇〇機の爆撃機隊による攻撃を受け、その数ヵ月後エッセンも同じく一〇〇〇機の爆撃機隊による大空爆に遭った。規模の小さい爆撃が定期的に行われる場合もあった。一九四二年夏には、ハンブルクにおいて九日間にわたる七度の爆撃が行われた。またベルリンは一九四二年から一九四三年にかけての冬期に、一六回の大規模な夜間爆撃を受けている。

ベルリンに向け近郊の街を通過する赤軍のT-34戦車。多くのドイツ国民が赤軍から逃れるため西部へ向かった。とどまった者には悲劇が待っていた

■ドイツの破壊

空爆はドイツに甚大な被害をもたらした。一九四二年八月、イギリス首相ウィンストン・チャーチルは、ソ連指導者ヨシフ・スターリンに次のように語っている。「我々はこの戦いにおいて、ドイツの都市という都市の建物をひとつ残らず破壊したいと思っている」。チャーチルのこの言葉を実現すべく、爆撃機隊の指揮を執っていたのは、後に空軍元帥となるサー・アーサー・ハリスである。連合国軍による空爆は、最終的に一八〇万世帯の住居を破壊し、五〇〇万人のドイツ国民を避難生活へと追いやった。また各種生活施設も破壊し、二〇〇〇万人の日

ライン川を渡るアメリカ軍と戦車。戦争末期になるとドイツ国民は兵士も民間人も、赤軍から身を守るためにイギリス軍やアメリカ軍への投降を試みた。1945 年

1945年3月26日、ライン川を渡ったアメリカ第七軍。4月はじめ、イギリスとアメリカの陸軍はドイツ中心部に達した

常生活に支障を与えた。ラインラント地方のアーヘンの政府報告書には次のように記されている。

公共の交通機関が運行を停止しているため、仕事には歩いて通わなければならない。街は瓦礫の山が連なり埃っぽい。水、ガス、電気の供給が止まり、家では体を洗うことも料理を作ることもできない……商店の多くが破壊され、また閉まったままの店も多く、食料を手に入れることもままならない。時限爆弾や不発弾の爆発がたびたび起こる。いまにも倒壊しそうな建物も見受けられる。郵便物の配達は遅れがちだ。新聞の発行は止まり、電気が通じていないためラジオを聴くこともできない。映画や芝居や音楽会といった娯楽はまったく行われなくなった。

一連の空爆による犠牲者の数は三〇万五〇〇〇人に上り、負傷者は八〇万人を越えている。空爆というのは実に恐ろしい状況を生み出すものである。例えばドレスデンなどで行われた焼夷弾を使う爆撃においては、一〇〇〇度の猛火に襲われるが、そればかりが恐ろしいのではない。その猛火が周辺の空気を大量に取りこむことで、炎をともなった旋風が生まれる場合がある。この、いわゆる火災旋風に巻きこまれて窒息状態に陥り、死に至ることもあるのだ。戦後アルベルト・シュペーアは連合国による尋問の中で、ハンブルク空襲の後のことを次のように述べている。「こうして空襲を受ける状況があと半年も続けば、兵器その他の軍需品生産は困難になり、ドイツは戦うことができなくなるだろうというのがわたしたちの考えだった。わたしはその考えを、総統に直接伝えた」

連合国軍による空爆は、国民の心情にも大きな影響を及ぼした。空爆によって生活基盤を破壊された国民はナチスに対する不満を募らせた。国民ははじめのうちはヘルマン・ゲーリングを批判していた。ゲーリングは空軍総司令官として防空の責任を負っていたからである。しかし批判の矛先はやがてナチス政権全体へと向けられるようになった。ルール地方では「ベルリンへ飛べ。ヒトラーを選んだのは彼らなのだ」とイギリス空軍を応援する歌が歌われた。親衛隊保安部（ＳＤ）はこうした状況をたいへん憂慮していた。また、ある者は勤労意欲を失って仕事へ行かなくなり、ある者は厭世主義や敗北主義といったものに心を傾けるようになった。保安部はこうした国民の状態を「空襲病」と呼んでいた。

しかし一方で、連合国軍の空爆を受けても士気を保ち続けた国民も大勢いた。それはイギリス国民が、ドイツ軍による空爆に遭っても戦意を失わなかったのと同じである。ヒトラーはもとより戦い続けるつもりだった。ベルリンの爆撃については、改造のためにはじめから街を壊すつもりだったのだから、その手間が省けてかえって好都合だと言い放った。このころの国民について、アルベルト・シュペーアは「哀れな状況に置かれながらも、とても立派に行動した」と振り返っている。空爆によってむしろ士気が高まり、国民のさらなる結束が促された面もあった。ウルスラ・フォン・カルドルフは、一九四四年一月、ベルリンが空爆を受けた後の気持ちを次のように日記に綴っている。

わたしの中に力が湧き起こっている。わたしは今諦めずに戦おうという気持ちでいっぱいだ。イギリスにとっては思いもよらないことでしょうね。ドイツ国民がこんな気持ちになるなんて……あんな空襲くらいでわたしたちの気持ちが挫けると思ったら大間違いだわ。

連合国軍による空爆の結果、ドイツ国民の間に、なんとしても戦争に勝って恨みを晴らすのだという思いも生まれたようだ。

しかし一九四五年に入り、連合国陸軍がドイツ本土へ侵攻してくる可能性が出てくると、恐怖を感じる国民が増加した。西方ではイギリス軍とアメリカ軍がライン川に到達していた。両国軍が川を突破してルー

1945年4月29日、空爆で破壊された国会議事堂へ接近する赤軍。激しい白兵戦の末、国会議事堂は翌30日に陥落した。同日ヒトラーは自殺を遂げた

廃墟と化したベルリンと赤軍。1945年5月2日、最後のベルリン防衛軍司令官ヘルムート・ヴァイトリング陸軍大将が赤軍に降伏を申し入れ、千年王国は終焉を迎えた

ル地方へ入るのは時間の問題だった。東方では、ソ連赤軍がベルリンをめざし、ヴィスワ川まで進攻していた。ドイツ本土が戦場となる時が刻一刻と近づいていた。

ドイツ国民はとりわけ赤軍を恐れた。歴史におけるスラヴ人の残忍さを知っていたからである。それに加えて、戦争前期にドイツ軍がソ連に与えた侮辱や恐怖に対する報復が行われると考えられた。そのため国民は次々に西部へ逃れ始めた。しかし交通機関は混乱状態で移動は容易ではなく、途中寒さや飢えのために亡くなる者もいた。

とどまることを選んだ者は赤軍の攻撃の犠牲となった。恐れていたとおり、多くの赤軍兵士が報復として略奪や強姦、虐殺を行った。そして赤軍はドイツ国民を殺戮しながら進み、ついにベルリンへ到達した。防衛軍司令官ヘルムート・ライマン中将は、ベルリンを守るためには少なくとも二〇万人の兵力が必要だと考えていた。しかし実際の防衛軍の兵力はずっと少なく、また本土防衛のため編制された国民突撃隊の構成員は老人と子供だった。しかしヒトラーはベルリンの死守を命じた。そして赤軍との市街戦が始まった。ベルリンは空爆によってすでに多くの建物が瓦礫と化していたが、市街戦によってさらに破壊が進んだ。砲兵隊による援護のもと赤軍の歩兵隊が街に入り、建物ひとつひとつに侵入し、そこに潜むドイツ兵士と苛烈な白兵戦を繰り広げた。ベルリン市民も多くがその戦闘に巻きこまれて死亡した。赤軍は八万人、ドイツ側は民間人を含む三二万五〇〇〇人が犠牲になった。

第二次世界大戦の初期は「まやかし戦争」の状態だった。だから戦争中とはいっても、店のショーウィンドーを飾る品々が消えたり、家計が少々苦しくなったりする程度で事は済んでいた。しかし戦争後期になると、ドイツ国民は近代戦争というものの本当の顔を見た。建物が無残に破壊され、何百万人もの国民が死傷し、また何百万人という国民が避難民となって西へ逃れた。国民は飢え、社会の機能は麻痺した。そしてドイツは廃墟と化した。それが、第二次世界大戦を引き起こしたドイツの末路だった。

第一二章 それぞれの人生

ナチズムはドイツ国民に何をもたらしたのか。ナチズムは、ユダヤ人の諸権利を次々に奪い、彼らを強制収容所へと送りこんだ。そしてナチズムは、すべてのドイツ国民の人生に暗い影を落とした。

ナチス・ドイツ期、ドイツの老若男女はそれぞれが、それぞれの人生を送った。親ナチスの者もいれば反ナチスの者もいて、百人百様の人生があった。この章では、とくに四人のドイツ国民を取り上げ、彼らがナチス・ドイツ期をいかに生きたのかを眺めてみたい。その四人は、日々の暮らしのことや体験した出来事について記録を残している。その記録をたどることで、まだ知られていないナチス・ドイツの一面が明らかになり、ナチス・ドイツを理解する助けともなるだろう。

■ヴィクトール・クレンペラー

ナチス・ドイツ期を生きた人物として最初に紹介するのは、ヴィクトール・クレンペラーである。彼のことは、灯火管制に関して逮捕された人物として第一章でも取り上げている。ヴィクトールは一八八一年、プロイセン州で生まれた。父親はラビ（ユダヤ教指導者）だった。音楽家でプロテスタントの家庭に育ったエヴァ・シュレンマーと結婚するが、ふたりの結婚は互いの家族に祝福されたものではなかった。ヴィクトールは一九一五年から一九一六年にかけて、バイエルン砲兵連隊の隊員として西部戦線で戦っている。ユダヤ人の彼がナチス・ドイツ期を生き延びることができたひとつの理由は、この従軍経験があったからである。また、妻がアーリア系であったことも大きい。ヴィクトールは一九三三年か

ナチスが政権に就くと、ユダヤ人への迫害が始まった。その最初の動きとして、1933年4月1日、ドイツ全土でユダヤ系商店のボイコット運動が起こった

ユダヤ系商店のボイコットを呼びかける突撃隊。カードには「ユダヤ人は我々の不幸」と書かれている

ら一九四五年の終戦の年まで日記をつけている。日記はほぼ毎日書かれており、各年の終わりには一年間を振り返ってまとめた記録が添えられている。彼は普段の暮らしのことはもちろん、ナチスのユダヤ人政策で大学を追われた学者としての苦悩や、ナチスと戦争についての鋭い観察と批評も行っている。そして迫害への戸惑い、先の見えない不安や恐怖を切々と綴っている。

日記は翻訳版で一〇〇〇ページ以上に及び、ヴィクトールと妻エヴァの生活をよく伝えている。そして記録された出来事そのものももちろん興味深いが、その出来事に対するヴィクトールの感想や批評が洞察力に富んでいて読み応えがある。ここでは豊かな記録のほんの一部しか紹介することができないのが残念である。また、ヴィクトールはしばしば「なぜなんだ！」という言葉でナチスのユダヤ人政策のあまりの理不尽さを嘆いている。一九三三年から一九四五年までのナチス・ドイツ期を、ユダヤ人の彼はいったいどのような風に生きたのだろうか。

反ユダヤの週刊新聞『シュテュルマー』のダンツィヒ支社。発行人のユリウス・シュトライヒャーは戦後連合国によって死刑に処せられた。彼が最後に口にしたのは「ヒトラー万歳」という言葉だった

■迫害の始まり

一九三三年にナチスが政権に就くと、ドイツ社会からユダヤ人を排斥しようとする動きが起こった。ユダヤ人の諸権利を剝奪する法律が制定され、ユダヤ人はしだいに社会から締め出されていった。ヴィクトールは大学教授という地位を失った。そして住居からの立ち退きを迫られた。そのため住む場所を方々探してようやく田舎に小さな家を見つけ、ドレスデンからそこに引っ越した。一九三四年末、不便から、五三歳という年齢ではあったが車の免許を取ろうと考えた。しかしうまく運転する自信はなかった。一六歳のころバイクで衝突事故を起こした時のことも思い出された。「今のわたしはあのころよりも心の落ち着きを失っている。

冬、暖房用の薪を集めるユダヤ人。1935 年のニュルンベルク法制定以降、ユダヤ人は諸権利を次々に剝奪されていった

水晶の夜事件で破壊されたユダヤ系商店。ナチスは破壊を行った上に、ユダヤ人社会に 10 億マルクの賠償金を課した。1938 年 11 月

それに心臓も弱ってきている」。ヴィクトールには健康への不安もあった。心臓が弱いことに加え、慢性的な頭痛や胃腸の不良、視力の低下に悩まされていた。体調が改善する見込みはなく、身体のことを考えると憂鬱になった。

しかしながら、ヴィクトールは前に進む強さも持っていた。ユダヤ人に対する迫害は年々激しくなり、日々の食事は貧しく、服や靴がぼろになっても新しく買うこともできず、冬は燃料が乏しく凍えながら暮らさなければならなかった。戦争が始まると生活はさらに苦しくなった。もう若くはなく身体は衰える一方の夫婦にとっては酷な生活が続いた。それでもたくましくしたたかに生きたのである。なお、ヴィクトールは一九三六年に試験に合格して車の免許を取得することができた。しかし後にナチスはユダヤ人から免許証

を剥奪した。

■忠実な妻

一九三五年、ナチスはニュルンベルク法を制定し、ユダヤ人の市民権を剥奪した。またアーリア系ドイツ人とユダヤ人が結婚すること、性的関係を持つことを禁じた。そしてユダヤ人を配偶者に持つアーリア系ドイツ人に離婚を促すための、いくつかの対策を講じた。しかし、エヴァは離婚しなかった。エヴァは夫に忠実で、強い心の持ち主だった。この妻の支えがなかったならば、ヴィクトールはナチス・ドイツ期を生き延びることはできなかったかもしれない。例えば後の避難生活では妻がアーリア系だったことが助けになった。彼が第一次世界大戦の兵士だったこと、伝統的に尊敬を受ける学者という身分であったことも時に役立ったが、やはりエヴァの存在が大きかった。エヴァはまさにヴィクトールの守護天使だった。

一九三六年になると、ユダヤ人に対する金銭的な締め付けが始まった。ヴィクトールは年金とわずかながらの銀行預金を守るために何度も役所と掛け合わなければならなかった。また、細かくて気まぐれな規制が次々と行われ、生活は煩わしくなるばかりだった。そんな中、ヴィクトールの大きな心の支えとなっていたものがあった。それは読書と研究である。一八世紀のフランス文化の研究者だった彼は、どのような境遇に陥ろうとも研究を続けることを心に決めていた。研究には資料となる本が必要だったが、大学を追放された身であるため大学の図書館は利用できなかった。そのため町の図書館に通ったり、友人から借りたりした。しかしやがて、ユダヤ人は図書館を利用することができなくなった。そして一九四一年にはタイプライターを

【左】ナチス・ドイツ期、社会に反ユダヤ主義が広がった。「ダビデの星」を服に付けたユダヤ人（上）と反ユダヤの落書き（下）

Franjo Petzel

24
Jude

没収されてしまった。しかしそれでもヴィクトールは研究を続け、日記も手書きで書き続けた。
また、言語に強い関心を持っていたヴィクトールは、ナチスの言語表現についての分析を行っていた。ナチスは、自らの行っていることを歪曲して伝えたり、誤魔化したりするために、独特の言い回しを使っていた。そのナチス独特の表現について記録し、分析を加えていたのである。ヴィクトールはこの記録をもとに戦後本も出版している。一九三八年には水晶の夜事件が起こり、ユダヤ人社会に多額の賠償金が課せられた。この事件の後、ヴィクトールも経済的に少なからぬ影響を受けた。ヴィクトールは国外への移住を考え、英語を学んだりもしたが、移住を実現させることはできなかった。ヴィ
一九三八年は、一九三七年がまるでばら色に見えてしまうほどひどい年になった。そして一九三九年はなおひどい年になるように思われた。

連合国軍の空爆で家をなくした女性。持ち出した身の回りのものを整理している。ヒトラーは破壊された都市を訪れようとはしなかった

募る不安

一九三九年、戦争が始まった。翌年の一九四〇年、ヴィクトールとエヴァはそれまで住んでいた田舎の家から、ドレスデン市街に設けられた「ユダヤ人の家」に移動させられた。その集合住宅は「たいへん狭く、ユダヤ人がひしめいていた」。一ヵ

空爆後のドレスデン。数万人が犠牲となった。被害を受けたドレスデンの大聖堂（上）と破壊された街での生活のようす（下）

所にまとめられたユダヤ人は、庭の使用も禁じられるなど、さらに細かな規制のもとに暮らすことになった。やがて、ルーマニアとスロヴァキアのユダヤ人に対して何かひどいことが行われているらしいという噂が流れるようになった。そして「ポーランド総督府にゲットーが作られ、ゲットーのユダヤ人はシオンの星の腕章を付けさせられている」ことが知れ渡った。ドイツのユダヤ人もそのうち東部へ送られるらしいなどという話も広がった。そしてソ連との戦いが始まると、ドイツのユダヤ人も腕章を着けることを義務づけられ、さらに「居住地域から外に出ることを禁じられてしまった」

一九四一年に入ると、東部戦線においてユダヤ人虐殺が行われているという話がもれ伝わるようになった。やがて噂されていたとおり、ドイツのユダヤ人の強制移住が始まった。ヴィクトールとエヴァの友人らもひとりふたりと姿を消していった。一九四二年一〇月の日記には「メクレンブルクの女性収容所からアウシュヴィッツへの輸送が行われたらしい。アウシュヴィッツは屠殺場のようなところなのかもしれない」と記されている。ヴィクトールは「次はわたしの番だ」という恐怖に支配されていた。しかし日記は書き続けようと思った。その後ヴィクトールはなんとか強制移住を免れていたが、一九四五年に入るともはや避けられないと思われる状況になった。ところがその年の二月、ドレスデンが大規模な空爆を受け、それによって事態が一転した。

空爆は二月一三日から一四日にかけて行われた。大量の爆弾が投下され、すさまじい音と炎と熱風が街を襲った。ヴィクトールとエヴァは避難場が破壊されたため外へ逃げ出すが、混乱の中で互いを見失ってしまった。ヴィクトールは顔を負傷した。流れる血もそのままにあてもなく歩くうち、エルベ川が見えてきた。まだ炎を上げて燃えているベルヴェデーレ館を過ぎ、ユダヤ人が歩くことを禁じられていたブリュールのテラスへ入った。その一角に「毛皮のコートを着てスーツケースに座っている女性がいた」。エヴァだった。彼女は怪我も負わず元気だった。話を聞くと、周囲のことなど目に入らずやみくもに逃げまわっていたヴィクトールとは違い、エヴァはたいへん落ち着いて行動したことが分かり、また空爆後の街のようすをよく観察していた。またエヴァは、逃げる途中タバコを吸いたくなったが火がなく、燻る人の死体から火を取ろうかとも考えたなどとも語った。なにはともあれヴィクトールたちは「命が助かり、二月一四日水曜日、再び一緒になることができた」

■南部への旅

空爆を機に、ふたりはドレスデンから南部へ逃げることを決意した。ヴィクトールは星の印を取り外した。アーリア人に成りすまして移動するためである。危険なことだったが、とどまればいずれ東部へ送られる。また再び空爆に遭うかも知れず、迫り来るソ連軍への恐怖もあった。だからドレスデンを出る決意は揺るがなかった。クローチェの町役場で一時滞在身分証を手に入れることができた。そして「ユダヤ人であることがばれたら死刑になるおそれもあったが、列車や路面電車に乗って移動した。食堂にも入った」。途中の小さな村では村人が、うさぎの肉や牛乳、パンケーキ、コーヒーなど「豪勢な食事」を提供してくれた。薬屋に滞在させてもらったこともあった。南部への移動中、不安が消えることはなかった。しかし社会は混乱に陥っており、ユダヤ人に対する監視の目も弱まっていたから「うまい具合に進むことができた」。三月一八日の日記には「エヴァとわたしには天使の羽か何かが付いているのだろう」と、彼にしては少々おおげさな表現の感想を残している。ふたりの行く先にはもはや不可能なことや無理なことはないように思えた。そして四月になってミュンヘンに入り、五月、そこで終戦を迎えた。ふたりはその後再び、破壊されたドイツの地をドレスデンへ向けて旅することになる。以上が、ナチス・ドイツ期を生きたひとりの人物の体験である。

1943年のベルリンのようす。公共交通機関で仕事へ向かう市民(次ページ）と買い物をする市民（下）東部へ送られるユダヤ人（上）

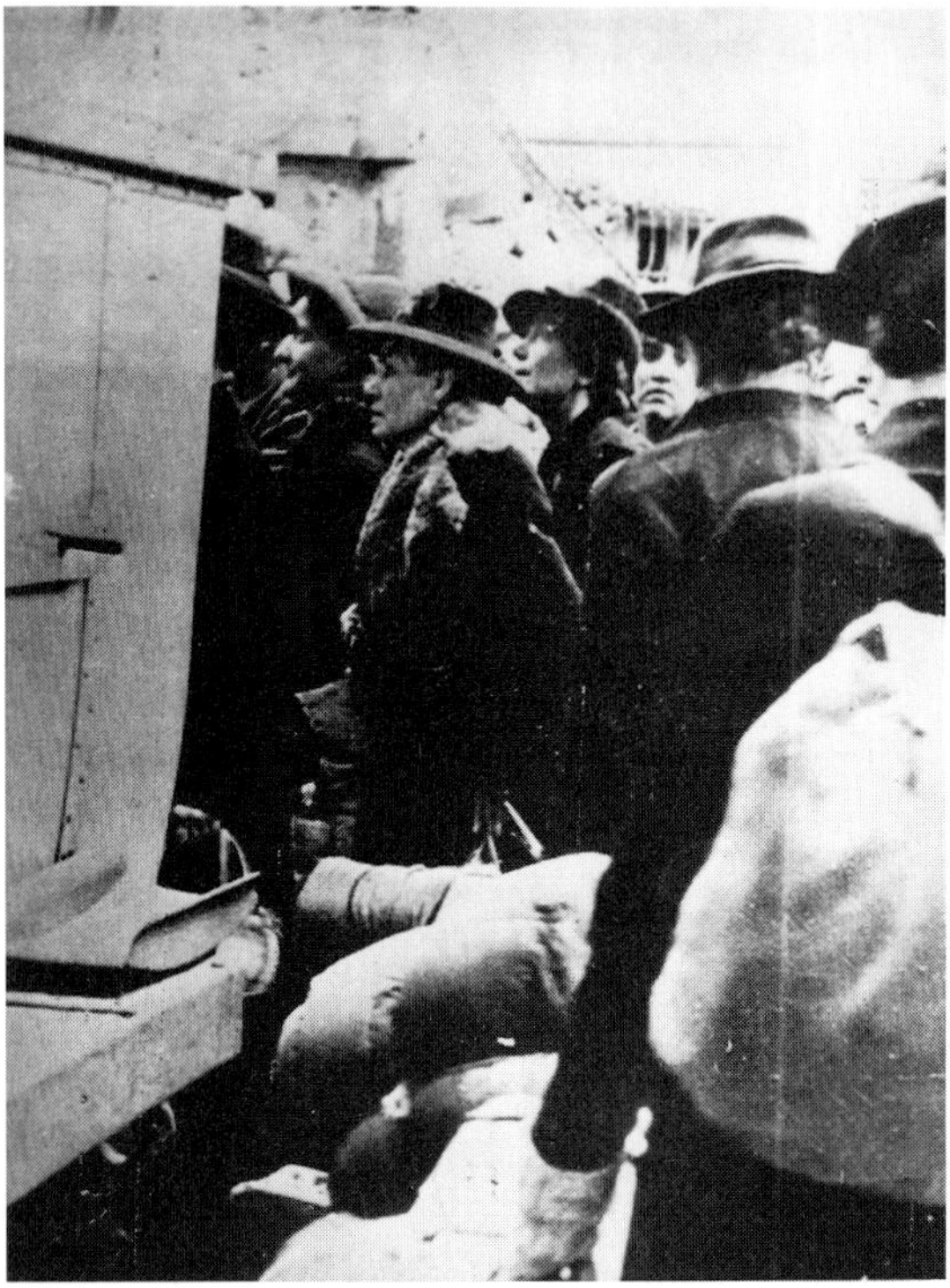

BERLIN raucht JU
JUNO

次に紹介するのは、イギリス人女性クリスタベル・ビーレンベルクである。彼女は、イギリスのテレビ局が製作したドキュメンタリー『秘録　第二次世界大戦』に出演し、ナチス・ドイツ期の体験を語っている。クリスタベルは一九三四年にドイツ人外交官と結婚してから一九四六年まで、ドイツ国民としてドイツに暮らした。彼女の日記はイギリス人としての視点からナチス・ドイツを捉えているため興味深い。一九六八年、自身の日記を『あのころのわたし』と題する本にまとめた際、彼女はこう述べている。「わたしはイギリス人です。しかしあの時代、わたしはドイツで生きるドイツ人だったのです」

一九三五年末、クリスタベルは夫ペーターと息子とともにドイツへ渡り、ハンブルクでの暮らしを開始した。新しい生活に不安はなかった。ハンサムな夫がついていたし、ドイツは経済も回復しつつあり、街もにぎやかさを見せていた。また「新政権」は多くの国民から支持を得ていた。しかしその一方、一九三五年にニュルンベルク法が制定されてユダヤ人への迫害も始まっていた。ある日クリスタベルは、息子が病気になったのでユダヤ人小児科医のところへ連れていった。ところが診察後医師に「もうわたしのところへは来ないほうがいい」と告げられた。ユダヤ人の医者に掛かるのは危険だというのである。その後医師が突然亡くなった。使用人の話では、将来を悲観して自殺したということだった。

一九三八年、ナチスがオーストリアを併合し、ドイツ周辺の情勢がきな臭くなってきた。そしてナチスはオーストリアでもユダヤ人を迫害し始めた。クリスタベルとペーターはドイツで暮らしていくことに不安を覚え、移住を考えるようになった。しかし結局、移住は見送ることにした。そのわけは、チェコスロヴァキア侵攻を前にペーターが軍に召集されたからでもあるが、もうひとつ大きな理由があった。ペーターはそのころ、反ナチス活動を行うアダム・フォン・トロットと関わりを持つ

1945年はじめのベルリンの姿。ベルリンは、1943年11月18日から1944年3月の間に、1000機の爆撃機隊による24回の空爆を受けた

ようになっていた。そしてトロットの情報から、ドイツで反ナチスの動きがしだいに広がりつつあることを知っていた。だからクリスタベルとペーターは、そのうちナチス政権が倒れる可能性もあると考え、ドイツにとどまることを決めたのだった。後にペーターは、一九四四年七月のヒトラー暗殺計画への関与を疑われ、強制収容所へ送られることになる。

■戦時中のベルリン

クリスタベルはベルリンに越した。その後戦争が始まった。食料は配給制となり、生活は苦しくなった。寒さが厳しい冬はとりわけ辛かった。しかしトロットや軍将校らが政権打倒に向けて動いて

1945 年はじめごろ、4 人家族に 1 日に配給されていた食料の例。戦争初期は十分に配給されていた食料もこのように粗末になった

貧しい国民を救援するために行われる、冬の募金活動。1937年時点で1000万人がこうした活動による援助を受けていた

いることを知っていたため、希望は失わなかった。一九四〇年にフランスが降伏した。しかしイギリス首相チャーチルはドイツとの戦いを続ける姿勢を見せた。クリスタベルは、勢いに乗るドイツ軍にイギリスが勝てるのかどうか疑問だった。戦いに負けたら母国イギリスやそこに暮らす親族はどうなってしまうのだろう、と考えると夜も眠れなかった。

一九四二年の冬のある日、隣人のイルセがひとりのブロンド女性を連れてきた。その女性は実はユダヤ人で、かくまってほしいというのだった。女性とその夫は、家にゲシュタポが現れたため、避難はしごから逃れ、その後かくまってくれる家の地下室や屋根裏を転々としているということだった。クリスタベルは「突然のことでいったいどうしたらよいのか分からなかった」。とりあえず女性を家に入れた。夫は追ってやって来るということだった。ペーターは居ないため、クリスタベルは信頼できる友人のもとへ相談に行った。友人は、危険すぎるからかくまってはならないという意見だった。家に戻ると、夫もやって来ていた。クリスタベルは夫婦に対し「一晩か二晩しか泊めることはできない」と告げた。ユダヤ人夫婦は地下室で過ごし、二日後の夜、ひっそりと出て行った。ドキュメンタリー番組の取材時、クリスタベルはこの一件を振り返り、ナチスに人間性を試されたような出来事であり、自分自身に失望させられた、と語っている。

■一九四四年暗殺計画

一九四二年、クリスタベルに三人目の子供が生まれた。ベルリンでの暮らしは厳しさを増し、空爆も行われるようになった。クリスタベルは子供たちのことを考え、夫と話し合った結果、自分と子供たちだけベルリンを離れることに決めた。そして一九四三年九月、シュヴァルツヴァルト地方のロールバハに移った。ロールバハは、言葉に独特の訛りのある小さな村だった。ベルリンとはまるで別の世界のようだった。しかしその「取るに足りないようなほんの片田舎にも、ヒトラーの戦争の負担は重くのしかかっていた」。ただ、ベルリンのように空爆を受けることはなく、そういう面では戦争を感じさせないところだった。一度クリスタベルが所要でベルリンへ戻ったときには、三晩連続で空爆に遭った。

村ではこんな出来事もあった。ある日、アメリカ軍の飛行機が村の森の中に不時着した。村はこっけいなくらい大騒ぎになった。純朴な村人たちはアメリカ兵士に興味津々だった。敵国の兵士であるのに村人は何の悪意も持たない風で、兵士を質問攻めにした。言葉は通じないからクリスタベルが通

戦時ドイツの日常風景。食料配給を待つ列（上）と空爆を避け地下防空壕で過ごす人びと（下）

訳を務めた。兵士の任務のことなどよりも、兵士自身のことや「コロラド」のことを聞きたがった。その後、地方政府の役人がふたりやって来て、兵士を連行して行った。村人たちは一様に残念がった。「その後村人たちは、ミサに参加したり、まぐさ用の青草を刈ったりという、日常の暮らしに戻っていった」

一九四四年七月は大きな事件が起こった。ある日、隣人がクリスタベルの家に駆けこんできた。「ラジオをつけて。ヒトラーの奴が爆弾でやられたらしいよ」。しかしその後暗殺が失敗に終わったことが伝えられた。そして暗殺計画に関わった人物たちが逮捕されているという情報も断片的に入ってきた。一九四四年八月二五日、ベルリンからクリスタベルのもとに一通の通知が届いた。ペーターが八月六日に逮

マティルデ・ヴォルフ・メンケベルクの手紙も伝えるように、戦時中ドイツ国民の生活は窮乏した

捕されたことを知らせるものだった。クリスタベルはベルリンへ行き、夫の力となってもらえそうな友人や知人、夫のかつての職場の同僚などを訪ね歩いた。ロールバハに戻ると、家の前にバイクが止まり、見知らぬ男性が立っていた。その男性の話によると、ゲシュタポが村にやって来て、クリスタベルを自宅に監禁するよう村長に命じたということだった。男性はクリスタベルに同情しているようすで、監禁といってもそれほど厳しいものではないと気の毒そうに付け加えた。

その年の冬、ペーターとの面会が許可された。ペーターはラーベンスブリュックの強制収容所に入っていた。面会は朝の一〇時から、木造の建物の一室で行われた。クリスタベルは、机の下にマイクロフォンが取り付けられていることに気づいていた。彼女は、

西部戦線でバリケード建設にあたる労働者。1944 年末、連合国軍のドイツ侵攻を食い止めるためにあらゆる手段が講じられた

軍の撤退後、海軍の倉庫から台所道具や毛布を持ち出す市民。1945 年はじめドイツ国内は混乱に陥り、ものを奪う行為が一般に見られるようになった。クルムバッハ

計画の首謀者はすでに処刑されていること、もはや彼らを庇う必要のないことを夫に知らせたかった。しかしそれをそのまま口にすることはできず、村の青年四人が亡くなったなどという作り話をした。ペーターが話の真意を悟ってくれることを願った。別れ際に握手をした時、ペーターが何か手に忍ばせていたものをクリスタベルの手に握らせた。外に出て見てみると、それは小さなマッチ箱で、その中に、ペーターが暗殺計画には直接関わっていないという事実が記されていた。一九四五年一月四日、ゲシュタポによる尋問が行われた。クリスタベルは、ランゲという名の尋問官に対し、自分も夫も今回の計画とはなんら関わりがないと答えた。クリスタベルは無実を訴えたが、どういう結果になるのかは不明であり、ロールバハでの不安な日々が続いた。しかしその年のまだ冬の寒さが続くある日、

村に、ペーターが釈放されたという電話連絡が入った。その数日後、ペーターはクリスタベルのもとへ戻ってきた。

三人目に紹介するのは、マティルデ・ヴォルフ・メンケベルクである。マティルデはドイツ帝国のビスマルク時代、ハンブルクに生まれた。立派な教育を受けて育ち、友人も多く、恵まれた生活を送っていたが、第二次世界大戦勃発によってその生活が一転した。戦争が始まった時は六〇歳で、ハンブルクの大学で教鞭をとる二番目の夫とふたりで暮らしていた。六人の子供がいたが、そのうち何人かは外国に住んでいた。マティルデは一九四〇年から、外国に暮らす子供たちに「手紙」を書くようになった。この「手紙」は、送るこ

連合国軍占領後のブレーメン。ドイツ軍による防衛もむなしく、焼夷弾と高性能爆弾による爆撃で多大な被害を受けた。1945年4月26日

とはできなかった。ナチスによる検閲が行われていたからだ。しかしマティルデは「手紙」を書き続け、それは一九四六年はじめまで続いた。子供のひとりルートは、結婚してイギリスのウェールズに住んでいた。戦争が終結してハンブルクへ里帰りしたとき、母親の手紙のことを知った。母親は幾通とも知れない子供たちへの手紙を書いていた。ルートは後に手紙を翻訳し、一九七九年『もうひとつの真実』と題して出版した。

マティルデの手紙は、戦時中のハンブルクのようすをよく伝えている。また、さまざまな出来事についての感想から、彼女が教養の高い女性であったこと、ナチスに批判的な立場の愛国者であったことが分かる。戦時中、一般国民の情報源はナチスの機関紙やラジオ放送、噂話といったものだけだったから、手紙には歴史事実と異なる記述も散見される。しかし彼女には、ナチスの流す情報を鵜呑みにするのではなく、常に真実を見極めようとする姿勢があった。

空爆後、消火作業にあたる男性。微力ではあったが、民間防衛組織が国民のために活動していた

ドイツで起きていること、自分が感じていることを伝えるために子供たちに宛てた「送ることのない手紙」は、一九四〇年一〇月から書き始められた。この年の冬の寒さは厳しく、身体

にこたえた。零下二四度にまで下がった日もあった。しかしその寒さをしのげるだけの燃料はなかった。時おり子供が、アメリカやスウェーデン経由で手紙を送ってくれることがあり、それが慰めになっていた。電報や電話は、戦争が始まると、一般国民の使用が禁じられた。マティルデは自分自身も苦しかったが「ユダヤ人はもっと苦しい思いをしていることだろう」と心を痛めていた。例えば、ユダヤ人の配給券にはユダヤ人を示す「J」の文字が記されていた。名前には、すぐにユダヤ人と分かるよう「サラ」か「イスラエル」のミドルネームを入れるよう強制された。コーヒーやお茶、チョコレートなどの特別配給品は受け取ることができず、衣類も支給されなかった。街には至るところに「ユダヤ人お断り」の張り紙が貼られていた。マティルデはそうした心無い張り紙を恥ずかしいことだと思った。「そう思いながらなにも言わない」自分のこともまた恥じた。

一九四一年の春になった。ドイツ軍はすでにオランダ、ベルギー、フランスを占領していた。街では「あちらこちらで『イングランドへ進め』という歌が流れていた。ドイツ軍の落下傘部隊は不可能と思われていたことをやってのけ、敵を恐れさせていた」。しかしその一方、ドイツ本土が空爆を受けるようになった。一九四一年五月一七日、ハンブルク・ハールブルク区が空爆を受けた。空爆は午前零時三〇分に開始された。マティルデはそれまで聞いたことのないようなすさまじい音を耳にし、見たことのないような光を目にした。その衝撃は生涯忘れないだろうと思った。空爆が終わるまで防空壕へ避難していた。この空爆で二九人が死亡し、五三人が負傷した。「空爆後は毎晩防空壕で過ごすようになった」。疲労が募った。学校は夏を待たずに休みになった。ドイツ軍は相変わらず勝ち進んでいると伝えられた。「悪魔は思いどおりに事を運んでいた」。大きな出来事ばかりでなく、日常のちょっとした出来事も心を煩わせる種になった。ある日は愛用の万年筆をなくした。ある日は台所で眼鏡を落とし、レンズを割ってしまった。またある日は太った警官に、灯火管制に従うようにと注意

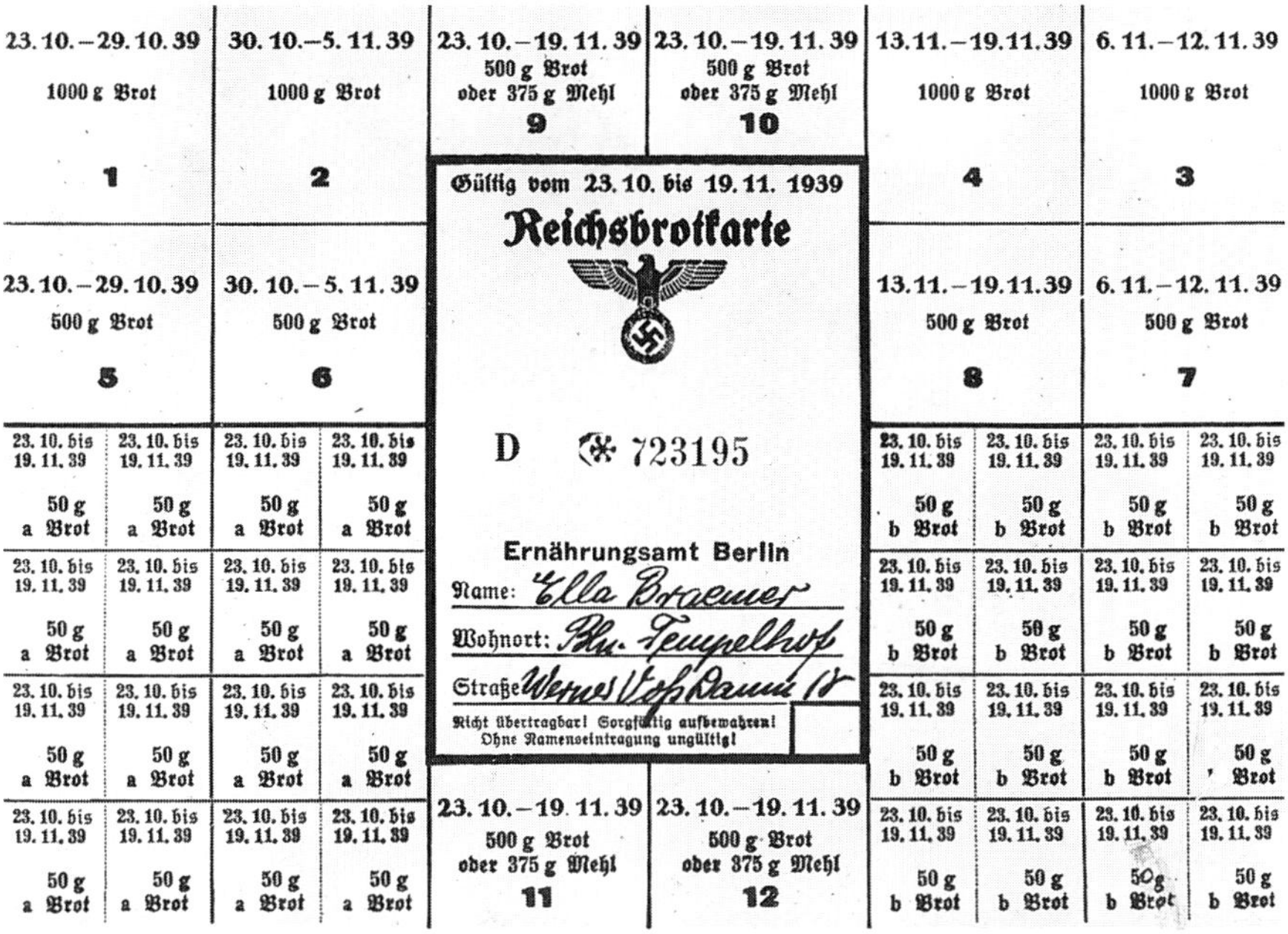

ナチス・ドイツ期の一般的な配給券。マリアンヌ・シュトラウスは券を持たなかったため配給を受けることができず、自分で食料を手に入れなければならなかった

を受けた。マティルデは憤慨した。というのも、マティルデはきちんとカーテンを引いていたし、さらに用心のため黒い板紙で窓を覆ってさえいたのだ。隣人の誰かが密告したのだということは分かっていた。この「密告というおぞましいこと」がごく日常的に行われていた。学校では教師が子供の親について調べることもあった。

　ソ連との戦いも始まった。一九四二年に入り、冬本番を迎えた。東部戦線の兵士たちはさぞかし寒いだろうと思い、兵士の母親や姉妹、婚約者、妻、若くして未亡人となった女性たちの気持ちを思うと胸が潰れそうだった。生活の方は、食料、燃料、衣類、靴など生活品すべてが不足していた。第一次世界大戦のときと同様に物々交換が行われるようになった。人びとの身なりはしだいにみすぼらしくなっていった。

地下防空壕。空爆の際はこうした場所に避難していた

みな「ぼろのコートを着て、かかとのすり減った靴を履いていた」。寒くてみじめだったが、それで我慢するしかなかった。

　マティルデは、毎日常に神経が張り詰めたような状態で暮らしていた。リューベックとロストックで激しい空爆が行われた。そして一九四二年五月、ハンブルクが焼夷弾による空爆を受けた。マティルデは夫と地下防空壕に避難していたが、耳を聾するような音と、激しい振動が続いた。「誰かが巨大な袋いっぱいにつめた重い石を建物の上にばらばらと落としている」ような感じを受けた。ハンブルクの街はまさに火の海となった。空爆後は無益な時が過ぎていった。そして一九四三年になった。電車の中や郵便局や店で、ぼんやりした人、無気力な人、悲愴な面持ちの人、見るも哀れな姿の人、いらいらした人、ふいに怒り出す人をよく見かけるようになった。戦争初期、街は続く勝利に旗を翻して沸きかえっていた。しかし「スターリングラード戦でドイツ軍が降伏し、総力戦体制が敷かれるようになると、街には暗くどんよりとした空気が漂うようになった」。新聞の記事などもはやひとつも信じられなくなった。マティルデの首筋には鶏の喉元のように皴が寄った。マティルデも他の人もみなやつれ、ぐっと老けこんでしまった。

　八月に入ったある日、連合国軍がビラを撒いた。それには「数週間の猶予を与える。その間に降伏しなければ攻撃を行う。降伏すれば、永遠の平和が訪れるだろう」と書かれていた。その後激しい空爆が行われた。そのころ一度、ストックホルム経由で娘のルートから手紙が届いた。マティルデはその手紙から「喜びと力をもらった」。空爆は続き、マティルデは空爆がもたらす破壊や危険や恐怖を手紙に書き続けた。一九四三年後半に入るとソ連軍の大攻勢が始まり、不安が増した。やがて戦争が始まって五度目の冬が訪れた。街のようすは寒々としていた。新聞やラジオは相変わらず「威勢のよいこと」を言っていたが、マティルデの心にはむなしく響くばかりだった。

一九四四年に入ると街の破壊がさらに進んだ。学校は開かれなくなり、子供たちが通りをうろつき回るようになった。夜は

外国人労働者用の木造二部屋の住居。通常郊外に建てられたため、空爆を免れた

相変わらず防空壕で過ごした。家を失った友人や親戚がマティルデの家で暮らすようになった。家具調度を油や肉と交換することもあった。ある時は、調理道具を手に入れるために、ガス局の男性に「ビールと、ソーセージを二本挟んだサンドイッチをご馳走し、おまけにタバコも添えた」。マティルデは音楽を愛していた。音楽を聴いている時はつかの間だが現実を忘れることができた。音楽会が開かれた時には夫とふたりで出かけた。普段はラジオの音楽を聴いていた。街の拡声器が流す情報などはもう聞きたくなかった。その拡声器が、一九四四年七月二〇日「何者かによって総統の暗殺が試みられた」と報じた。また、その邪悪な企てにドイツ全土が怒りに包まれている、とも伝えた。

一九四四年一〇月、連合国軍は西、南、東の三方からドイツ国境に迫っていた。本土防衛に備え、ヒムラーを総司令官として国民突撃隊が編制された。マティルデの暮らす建物は幸いにも空爆の被害を免れていた。このころになるとマティルデは、戦争の終わりも近いのではないかと思うようになった。また早くそうなってほしいと願った。戦争が「過去の記憶」となるような日が早く訪れてほしかった。空爆への警戒は続いていた。

一九四四年のクリスマスの日、郵便局で列に並んでいると、後ろに居たひとりの兵士が「戦争なんてくそっ食らえだ」とつぶやいた。年が明けて一九四五年になった。戦争が始まってから六度目の冬は「ゆっくりと、しかし確実に首を絞め上げられていくような状況」になった。それまでの生活が恵まれたものに思えるほどだった。マティルデは痩《や》せ、寒さがいっそう身体にこたえた。毎日、じゃがいもの残りの数を数えた。街には東部からの避難民がどんどんと入ってきた。冬が終わって春が来たが、ハンブルクは相変わらず空爆の脅威にさらされていた。

四月二〇日、アメリカ軍が砲撃の音を響かせながらハンブルク近郊まで迫った。女性たちが集まれば、戦争なんて狂気の沙汰だ、早く平和な普通の暮らしに戻りたいものだ、などという話になった。

ケルンの街を進むアメリカ兵士。このドイツ第三の都市も空爆によって大部分が破壊された。1945年3月、57時間の市街戦の末、連合国軍に占領された

そして五月はじめ、戦争が終わり、世界が変わった。マティルデは悪夢にうなされることもなくなった。イギリスやアメリカのラジオ放送も聴けるようになった。そして「アドルフ・ヒトラーは世界一の犯罪者だ、と街の真ん中で叫ぶことだってできるようになった」

やがて再び冬が巡ってきたが、その冬の寒さはもう辛くなかった。子供たちからは直接手紙を受け取ることができるようになったし、マティルデも書いた手紙を送ることができるようになったからだ。そしてマティルデは一九四六年一月まで手紙を書き続けた。

■リバプールの主婦

最後に、リバプールで一九九六年に亡くなったひとりの主婦を、ナチス・ドイツ期の証言者として紹介したい。その主婦はマリアンヌ・シュトラウスという名のユダヤ人である。マリアンヌは一九二三年六月、エッセンに生まれた。家族はホロコーストの犠牲となるが、彼女は、一九四三年から逃亡生活を送り、デュッセルドルフで終戦を迎えた。その後イギリス兵士と結婚し、イギリスのリバプールへと移り住み、そこで平穏な余生を送った。マリアンヌは一九八四年、ナチス・ドイツ期の体験についての手記をまとめた。歴史家マーク・ローズマンから取材も受けている。そして彼女の死後、遺品から手紙の束と日記が発見された。それらは、マリアンヌのナチス・ドイツ期の体験が詳細に綴られていた。また逃亡生活時の記録から、それまで知られていなかったひとつの地下組織の存在が明らかになった。マリアンヌはその組織から支援を受けながら逃亡生活を送っていた。ローズマンは、この手紙と日記を整理してまとめ「隠されていた日々」と題した。

ナチスは政権に就くと、ユダヤ人を迫害しながら国外移住を迫るようになった。しかしマリアンヌの父ジークフリートと母インエは、当初、移住することは考えていなかった。一九三八年一一月、水晶の夜事件が起こり、マリアンヌが暮らすエッセンも襲撃を受けた。マリアンヌの父親と伯父が逮捕され、ダッハウの強制収容所に送られた。ふたりは三週間後に釈放されるが、事件後ヘルマン・ゲーリングらによって、襲撃の損害に対する賠償金がユダヤ人社会に課されたこと、彼らも多額の金を負担しなければならないことを知った。

この事件をきっかけに、マリアンヌの両親は移住することを決心した。役所へ行って移住に必要となる書類を集め、一九三九年八月には煩雑な手続きもほぼ済んだ。八月一七日と二一日にはケルンのイギリス領事館から、近くビザの

ザールブルクの町を占領したアメリカ第３軍第 10 機甲師団。道の左端にドイツ軍の対戦車砲が捨て置かれている。1945 年 2 月 22 日

瓦礫やごみの散乱する空き地で剣を手に遊ぶ子供たち。1933 年 1 月に始まったヒトラー千年王国は 12 年で終焉を迎えた。1945 年 4 月、ヴィースバーデン

発給が行われるとの通知が届いた。しかしその通知から二週間と経たないうちに、ドイツとイギリスが戦争を始めた。そのためイギリスへの移住は不可能となった。

一家はその後も移住の道を探ったが、実現することができないまま時は過ぎ、やがて一九四三年になった。父親は銀行預金をすべて引き出し、他の資産については実際の価値の四パーセントという値段で売りさばいて金に換えた。どんな手を使ってもドイツを出ようと考え、その準備をしていたのだ。しかし一九四三年八月三一日、ゲシュタポが家に現れ、東部への移住を命じられた。

準備のために二時間が与えられた。ゲシュタポは家の中で金目のものを漁り始めた。父親はマリアンヌに、ひとりで逃げろと言って数百マルクを渡した。マリアンヌは家族に別れを告げることもできないまま、階段を忍び下り、表へ出て、駆け出した。後ろから撃たれるかもしれないと思い一心不乱に走った。しかし「銃声が響くことはなく、ゲシュタポが追ってくる気配もなかった」。驚くことに、このマリアンヌの逃走に関する、ゲシュタポの報告が残されている。ひとつはゲシュタポがエッセンからデュッセルドルフ支部に送った電報である。

シュトラウス一家移送の件　娘のマリアンヌ・サラ・シュトラウス　一九二三年六月七日生まれ テレジーンへ移送するため拘束するがその後逃走

この電報の二日後、現場に居たゲシュタポのひとりが詳しい報告書を作成している。

娘のマリアンヌ・サラ・シュトラウスに台所へ行く許可を与えた……娘は見張りの目を離れた隙に家から逃走した。およそ五分後に娘の姿がないことに気づいた。

脱出に成功したマリアンヌは逃亡生活に入った。彼女は一九四三年八月一二日に、マリアンヌ・シュトラウスの名で郵便局の身分証明書を取得していた。ユダヤ人女性に強制されていた「サラ」のミドルネームを外していたため、ユダヤ人ではないエッセンの一市民と偽ることが可能だった。エッセンのゲシュタポは三日もあればマリアンヌを捕まえることができると高をくくっていた。しかしマリアンヌは一九四三年八月の脱出から、居所を転々と変えながら、一九四五年の終戦まで逃げ切った。マリアンヌがゲシュタポの追跡をかわすことができたのは、ひとつには運もあるだろうが、彼女が強い意思や忍耐力、行動力を持っていたからでもあるだろう。また女性だったということも有利に働いた。しかしなんと言っても「ブント」と呼ばれる組織のメンバーとその協力者の支援によるところが大きかった。

　マリアンヌは家から脱出すると、近くの学校に身を隠した。一九二〇年代に建てられた古い木造建築の学校だった。マリアンヌはそこでまず髪を切り、脱色した。「逃亡者」のポスターが街に貼られることが分かっていたから、姿を変えなければならなかった。

　ブントは、反ナチスの左派組織であり、「社会生活を支援する同盟」として、道義的な立場から地下活動を行っていた。マリアンヌは一九三三年にこの組織の存在を知り、その後関わりを持っていた。脱出後はまずこの組織のもとに逃げこみ、それからメンバーのひとりソニア・シュライバーの世話で学校に身を隠したのだった。マリアンヌはしばらくそこで過ごした

ドイツ軍の敗北後避難民となったドイツ国民。ヒトラーは、軍が撤退した地域の住民には何の配慮も与えなかった。もはや「無価値」な存在だと考えていたからである

が、長く居ることはできなかった。連合国軍の空爆が激しく、木造の建物で暮らすのは非常に危険だったからである。一九四三年一〇月から居所を転々とする生活が始まった。主にドイツの北部から中部を、列車や路面電車を使用しながら移動した。移動の際はたいていの場合ブントのメンバーがついていてくれた。

列車や路面電車に乗るには、乗車許可証が必要だった。許可証なしで乗れば警察に捕まるおそれもあった。マリアンヌは郵便局の身分証明書は持っていたが旅券や公式の身分証明証は持っていなかった。そのため列車や路面電車に乗った時は、トイレに隠れたり、危険と見れば下車したり、車掌を避けて車内を移動したりといった手を使っていた。

■ナチスに知恵で対抗する

マリアンヌは各地の見知らぬ人びとにかくまってもらった。時にはブントのメンバーのもとに身を寄せた。知人を頼ったことも幾度かあった。逃亡生活中は「常に何かに守られているような感じ」だった。たくさんの人が危険を承知で助けてくれた。マリアンヌをかくまった人びとは、隣人や親類、自分の子供にマリアンヌのことをどう説明していたのだろうか。健康そうな若い女性が働きもせず何をしているのだろうと訝しがられることもあったろう。家の中にずっと隠れて暮らすのは不可能だったから、マリアンヌははじめからあえて姿を表に出し、家の人びとと普通の暮らしを送った。外に出る時は、子供を連れて母親を装うこともあった。一度ヘナで赤褐色に髪を染めたときには、かえって目立ってしまった。しばらくは「赤毛のアーリア人」として通さなければならなかった。生活資金と食料を得るための苦労はたいへんなものだった。食堂では利用券が必要な場合もあった。しかし食堂によっては券がなくても食事を出してくれた。

戦後取材を受けた際、マリアンヌはこんな風に語っている。「わたしはナチスに知恵で対抗しました……愚かしいナチスの体制を出し抜いてやったのです」。マリアンヌが生き延びることができたのは、まずブントという組織の勇気あるメンバーの支援があったからである。そしてマリアンヌ自身も勇気と知恵を持っていた。布製品を作って売り、逃亡資金を得るという才覚も備えていた。また女性であったことも助けとなった。男性だったならば、なぜ働きもせず兵役にもつかないのかと世間に思われ、その理由を問われれば、説明のしようもなかっただろう。

以上紹介した四人の人物は、ごく普通の人びとであった。しかし彼らは危険で劇的な時代に生きていた。そしてさまざまなことを体験し、目撃した。ハンブルクの空爆、ユダヤ人の迫害、ヒトラーの暗殺計画、ドレスデンの破壊、地下組織の支援。こうした出来事のうちに彼らは生きていた。そしてその時代を生き抜いた。そして自らが残した記録によって、彼らはナチス・ドイツの証言者として生き続ける。わたしたちと未来の世代に、ナチス・ドイツの「もうひとつの真実」を伝え続けるのである。

用語解説

アウシュヴィッツ強制収容所

ポーランド南部に位置するナチス・ドイツ期最大の強制収容所。絶滅収容所でもあり、ここで一一〇万人から一五〇万人が殺害され、そのうちの九〇パーセントがユダヤ人だった。

アウトバーン

ドイツの自動車高速道路。一九三三年よりナチスが建設を推し進めた。アウトバーン建設の目的のひとつは雇用の創出だった。そしてナショナリズムを喚起する狙いや、軍事的な意図もあった。一九三六年までに一〇〇〇キロメートルが完成し、その長さは最終的に六五〇〇キロメートルまで延びた。建設は一九四二年に終了した。

アプヴェーア

ドイツ国防軍の諜報活動機関。親衛隊保安部（SD）とゲシュタポとは、対立関係にあった。

アーリア条項

一九三三年四月一一日に公布された「非アーリア人」を規定する法律。祖父母にひとりでも非アーリア人を持つ者は、非アーリア人と見なされた。ドイツ国民は出産証明書や両親の結婚証明書、家系図などによって、アーリア人であるか否かを調べられた。親衛隊幹部は、一七五〇年まで遡って先祖がみなアーリア人であることを証明しなければならなかった。アーリア人か否かを問われなかったのはヒトラーだけである。

アーリア人

古代、イランおよびインド北部に暮らしていた人びと。また、インド・ヨーロッパ語族のアーリア語派に属する言語を話す人びと。一九世紀のヨーロッパにおいて、アーリア人の子孫が世界に広がり人類に発展をもたらしたとする説が唱えられるようになり、優秀性が強調された。さらにその優秀なアーリア人の血を純粋に受け継ぐのはドイツ人および北欧人であるとする主張がなされるようになった。この考えがヒトラーとナチスの思想に強い影響を及ぼした。

ヴァイマル共和政

一九一九年から一九三三年までのドイツ国の政治体制。第一次世界大戦敗北後の一九一九年二月、ベルリンの南西二四〇キロメートルにあるヴァイマルで開催された国民議会において成立した。新政権はヴェルサイユ条約を受け入れたため、左派勢力からも右派勢力からも激しい批判を受けた。

ヴェルサイユ条約

一九一九年六月二八日、フランスのヴェルサイユ宮殿・鏡の間で調印された、第一次世界大戦の講和条約。一九二〇年一月一〇日に批准された。この条約に基づき周辺国へ領土を割譲した結果、ドイツは土地と人口のおよそ一〇パーセントを失った。また、戦争を引き起こし、諸国に多大な損害をもたらした責任として莫大な賠償金を負った。軍は、総兵力を一〇万人以下に制限され、参謀本部は解散しなければならなかった。さらに戦闘車両や戦車、潜水艦、航空機、化学兵器を製造することを禁じられた。ナチスはこの過酷な条約の打倒を訴え、国民の支持を得た。

ウォール街大暴落

一九二九年一〇月に起こったアメリカ合衆国の株

価の大暴落。アメリカ経済に深刻な被害をもたらし、アメリカ人投資家はドイツからも資金を引き揚げ始めた。それによってドイツは、一九二九年のみで一五〇億マルクに上る負債を抱えることになった。ドイツ国内の株価も下落し、倒産する企業が相次ぎ、失業者数は三〇〇万人に達した。その数は一九三二年冬には六〇〇万人にまで増加した。この不況で生活に困窮するドイツ国民は、ナチスの過激な主張をしだいに支持するようになっていった。

NSDAP

国家社会主義ドイツ労働者党

歓喜力行団（KdF）

国民に各種の娯楽を提供した組織。外国旅行のための大型クルーズ船の建造やスポーツ施設の整備、劇場や旅回り芸人への資金援助、さらに国民車フォルクス・ワーゲン開発への資金協力なども行っていた。

強制収容所

政治犯や国家が危険分子と見なす集団や組織の人間を収容するところ。処罰を与えるほか強制労働に従事させることもある。ナチス・ドイツ期の強制収容所には、共産主義者や社会主義者をはじめ、ユダヤ人やジプシー、同性愛者、反ナチスの分子などが収容された。

クリポ

刑事警察。親衛隊の一部局。

ゲシュタポ

ナチス・ドイツ期の秘密警察。「予防拘束」を行う権限を有し、その行動は法の制限や裁きを受けることがなかった。国内における反ナチス分子の取り締まりが主な任務だったが、第二次世界大戦が始まると、占領地におけるユダヤ人の摘発や絶滅収容所への移送にも当たった。

国防軍最高司令部（OKW）

ヒトラーが国防軍を直接指揮するために創設した

組織。

国民突撃隊

一九四四年九月に創設された民間軍事組織。郷土防衛を目的とし、一六歳から六〇歳までの男子が召集された。制服はなく、与えられる武器は粗末だった。また訓練も十分には行われなかった。召集は一九四五年の戦争終結まで続いた。

国会議事堂（ライヒスターク）

所在地はベルリン。建物はネオ・ルネサンス様式。

国会議事堂放火事件

一九三三年二月二七日夜にドイツ国会議事堂が炎上した事件。この事件をきっかけとして、ナチスは一党独裁体制を確立した。共産主義者による犯行とされるが、共産党を攻撃するためにナチスが仕組んだ事件であるとも言われている。

国家社会主義

国家の助けによって資本主義の弊害を取り除こうとする思想で、一九世紀よりドイツで盛んに唱えられていた。ナチスが標榜した「国家社会主義」は、それに反ユダヤ主義と大ドイツ主義が核として加わる。その他に「血と土」の思想や、ドイツ民族を「支配民族」と位置づける民族観なども含む。また、ドイツ東方に生存圏を拡大してその征服地を「ドイツ化」し、ユートピアを建設することを夢見る。

国家調整

社会のあらゆる物事を国家社会主義に基づき統制、支配すること。その徹底をめざし、ナチスの思想以外の、社会に影響を及ぼしうるすべての物事を排除した。

国家保安本部（ＲＳＨＡ）

親衛隊内の部局のひとつ。刑事警察やゲシュタポ、保安部（ＳＤ）を傘下に置く、一大国民監視組織。

指導者原理

ナチスにおいては、あらゆる事柄においてヒトラーの決定を絶対とすることを意味した。

親衛隊（SS）

一九二五年四月、ヒトラーの護衛部隊として発足した組織。血統を認められた者だけが入隊を許される「エリート集団」で、制服の「黒服」が有名。当初は小さな組織だったが、ハインリヒ・ヒムラーが全国指導者に就任した一九二九年以降規模が急速に拡大し、一九三九年には隊員数が二五万人に達した。大きく一般親衛隊と武装親衛隊に分かれ、武装親衛隊の隊員数は第二次世界大戦中、一〇〇万人にまで増加した。

親衛隊保安部（SD）

ドイツ国内外において諜報活動を行った親衛隊の組織。一九三九年、保安警察（ジポ）とともに、ラインハルト・ハイドリヒが長官を務める国家保安本部（RSHA）の下に組み入れられた。

人民法廷

一九三四年に設立された特別裁判所。政治犯がナチスの思いのままに裁かれた。

水晶の夜事件

一九三八年一一月七日、パリにおいて、ドイツ外交官エルンスト・フォム・ラートがユダヤ系ポーランド人学生ヘルシェル・グリンシュパンによって銃殺された。この事件を受け、一一月九日深夜から一〇未明にかけて組織的なユダヤ人襲撃が行われた。九日夜、ゲシュタポ局長ハインリヒ・ミュラーが全国の警察に向け「まもなくドイツ全土においてユダヤ人とシナゴーグに対する襲撃が始まる。その襲撃の邪魔をしてはならない」と指令を出している。一〇〇〇以上のシナゴーグ、およそ七〇〇〇のユダヤ系商店、その他ユダヤ人の病院や住居、学校、墓地などが放火あるいは破壊された。略奪も多数発生した。また被害者であるはずのユダヤ人が次々と逮捕され、少なくとも九一人が殺害された。水晶の夜という名は、破壊の際砕け散るガラスが水晶のように輝いたことから付けられたものである。

スワスティカ（鉤十字）

生命や太陽、力、強さ、幸運を表す印。古くから世界の多くの文化の中で使用されてきた。ナチスも党のシンボルとして採用。現在はナチスのシンボルとしての印象が強い。ナチスの党旗は、赤地の中央の白い円の中に、黒のスワスティカを配する。「赤には社会的理念を、白には国家主義的理念を、スワスティカにはアーリア人と反ユダヤ主義の勝利のために戦う使命を、我々は見出すのである」(『我が闘争』)

生存圏(レーベンスラウム)

ナチス・ドイツ期以前よりドイツでは生存圏の拡大が叫ばれていた。それはヨーロッパ以外の土地における植民地の獲得を意味するものだったが、ヒトラーは、ヨーロッパにおいて領土を拡大すべきであると考えていた。「ドイツ民族の生存のために必要なのは、植民地ではない。ドイツ民族が定住し、そこが民族の母なる国土となりうる土地を獲得することが必要なのである。ドイツ民族は、古より暮らしてきたこのヨーロッパにおいてこそ親密な共同体を築いてゆけるのであり、民族の発展を確かなものとすることができるのである」(『我が闘争』)

世界観(ヴェルタンシャウン)

ヒトラーが好んで使用していた言葉。ヒトラーは自身の考えや見解を、ささいなものであっても、すべて世界観と表現していた。

千年王国

第三帝国とともにナチスが使用したドイツ国の呼称。ヒトラーは、第三帝国の偉大さを国民に印象づけ、第三帝国が自身の名とともに千年も存続することを願い、この呼称を繰り返し使用した。

総統

第三帝国における唯一絶対の指導者であることを示す、ヒトラーの呼称。ヒトラーはかねてより「指導者原理」を唱えており、党内においては一九二一年七月に党内の権力を掌握した。

第三帝国

一九三三年一月から一九四五年五月まで、ナチスが用いたドイツ国の呼称。中世の八〇〇年から一八〇六年までの神聖ローマ帝国を「第一帝国」、一八七一年から一九一八年までのドイツ帝国を「第二帝国」とし、ナチス政権下のドイツ国が、その輝かしいふたつの帝国の後継者であることを意味していた。

ダッハウ強制収容所

ナチス・ドイツ期最初の強制収容所。ヒトラー首相就任から五週間後の一九三三年三月一〇日に建設が完了した。ミュンヘンの北西一六キロメートルにあるダッハウの街のはずれに位置し、他の強制収容所の建設、運営のモデルとなった。絶滅収容所ではないが、病気や虐待によっておよそ三万二〇〇〇人の囚人が死亡している。

血と土

ドイツの農民と土地との結びつきを表現する言葉。ナチスが好んで使用した。

ツィクロンB

ドイツで開発された殺虫剤。青酸化合物を使用したもので、IG・ファルベン社の子会社、デゲシュ社が製造していた。一九四一年夏、害虫駆除用としてアウシュヴィッツ強制収容所に持ちこまれ、後にガス室における囚人の殺害に使用された。

電撃戦

航空機部隊が、敵軍の防衛線の一点を集中的に攻撃して敵軍を撹乱し、その隙を突いて機甲部隊が敵陣地へと侵入する戦術。航空機部隊と機甲部隊の迅速で緊密な連携が求められる。一九三九年から一九四一年にかけてドイツ国防軍がこの戦術を採用し、成功を収めた。

ドイツ共産党（KPD）

ヴァイマル共和政期、ドイツ共産党はモスクワからの指示により、社会民主党を集中的に攻撃していた。ナチスが政権を獲得する可能性が出てきても、ナチス政権はすぐに崩壊し、社会主義政党が取って代わるだろうと考えていた。

ドイツ社会民主党（SPD）

ヴァイマル共和政期は第一党の座を守っていた

が、一九三二年の選挙でナチスに敗れた。そして一九三三年三月、社会民主党は反対票を投じたものの全権委任法が成立し、ナチスの一党独裁体制が確立した。同年六月、社会民主党は解散に追いこまれた。党幹部の多くは逮捕され、その後強制収容所へ送られた。

ドイツ少女団

一〇歳から一四歳までの女子で構成されるナチスの青少年組織。

ドイツ女子青年団

一四歳から一八歳までの女子で構成されるナチスの青少年組織。

ドイツ労働戦線（DAF）

ナチス・ドイツ期唯一の労働組合組織。他の労働組合は非合法化された。

特別行動隊（アインザッツグルッペン）

親衛隊を中心として組織された特別行動部隊。占領地におけるユダヤ人、共産主義者、ジプシーなどの殺害を任務とした。例えば、ドイツ国防軍に続いてひとつの町に入ると、ユダヤ人らを一斉に摘発して町のはずれまで連行し、そこでまとめて銃殺した。地元警察や反ナチス主義の住民が協力することもあった。

突撃隊（SA）

一九二一年、ナチス党員を防衛する目的で結成された組織。イタリアのムッソリーニ率いるファシスト党の武装行動隊（黒シャツ隊）を模しており、制服の色から褐色シャツ隊とも呼ばれる。初期は元軍人によって構成され、共産主義者との街頭闘争も行った。その暴力的な活動によって、政権獲得をめざすヒトラーを支えた。

長いナイフの夜事件

一九三四年六月三〇日、親衛隊によって突撃隊幹部が殺害された事件。突撃隊の指導者エルンスト・レームは政権を獲得したヒトラーに対して「第二革命」を主張し、さらに突撃隊に国防軍を編入するよう求めた。これに対し軍と財界が激しく反発した。政権維持には軍と財界の支持が不可欠と考えるヒトラーは粛清を決意し、レームを含む突撃隊幹部を逮捕、処刑した。

ナチズム

ヒトラー率いるナチスが標榜した主義。ファシズムと似た性格を持つが、特徴的なのは、「支配民族」であるアーリア人の優秀性を強調し、その一方でユダヤ人をドイツにおける諸悪の根源と見なし憎悪するところである。また、極端なナショナリズムを示し、ドイツ民族の統一を訴える。経済においては、私営企業を認めながらも、社会主義的な統制経済をめざす。

ニーチェ、フリードリヒ（一八四四—一九〇〇）

『ツァラトゥストラはかく語りき』などの著作で知られるドイツの哲学者、詩人。ニーチェは、道徳には大きくふたつの形態があると考えた。ひとつは強者の道徳、もうひとつは弱者の道徳であり、前者を「君主道徳」、後者を「奴隷道徳」と呼んだ。そして古代の帝国は君主道徳を土台として成り立ち、富や権力、合理主義、過度の性的関心を否定する宗教は、奴隷道徳より生まれたと説いた。またニーチェは「超人」という概念を生み出した。超人とは、自ら新しい価値を創造し、それによって自己の人生におけるいかなる物事をも肯定できる強さを持つ人間のことである。ニーチェの著作はナチスの思想に強い影響を与えた。

ニュルンベルク法

一九三五年九月、ニュルンベルク党大会において公布された反ユダヤ法。この法律によりドイツのユダヤ人は市民権を剝奪された。また、ユダヤ人がアーリア系ドイツ人と結婚することが禁じられた。

「背後の一突き」論

第一次世界大戦でドイツが敗北したのは、軍の責任ではなく、国内の裏切り行為によるものだとする考え。戦争末期、ドイツ国内における連合国のプロパガンダがドイツ国民の士気を低下させ、連合国と通じる政治家が休戦協定に署名したとされる。署名を主導したのが左派勢力であったため、ナチスをはじめとする右派勢力は「背後の一突き」論を左派攻撃に利用した。

ヒトラー・ユーゲント

ナチスの青少年組織。

ビヤホール一揆

一九二三年一一月九日、ヴァイマル共和政の打倒をめざすヒトラーがミュンヘンで起こしたクーデター。警察によって鎮圧され未遂に終わる。ヒトラーは反逆罪で逮捕され、禁錮五年の判決を受けた。

ファシズム

右派の全体主義であり、個人よりも国家の利益を優先する。ナチスのファシズム体制は、「非アーリア人」を劣等と位置づける民族観や、ドイツ民族の統一を訴える極端なナショナリズムを含んでいた。また、党の準軍事組織を使って反対者を弾圧し、ヒトラーを唯一の指導者としてあらゆる決定権を委ねていた。

『フェルキッシャー・ベオバハター』

ドイツで発行されていた新聞。一九二三年にナチスが買い取り、ナチスの機関紙となった。

民族（フェルキッシュ）

一九世紀末、ドイツには多くの民族主義団体が生まれている。それらは民族主義を基本として、心身の健康や家族の結びつき、愛国心といったものを重んじるグループ、土地の神聖さを唱える会など多種多様だった。その中にトゥーレ協会という団体が存在した。政治結社であるゲルマン騎士団の支部として一九一八年に結成され、反ユダヤ主義と極端な民族主義を標榜していた。トゥーレ協会には、ナチスの前身であるドイツ労働者党の設立者アントン・ドレクスラーや、ルドルフ・ヘスといった後にナチスで中心的役割を果たすことになる人物たちが所属していた。若き日のヒトラーも、会員ではなかったが関わりを持っていた。

民族共同体（フォルクスゲマインシャフト）

ナチス・ドイツ期においては、「劣等民族」などを排除したドイツ国民の共同体を意味した。また、個人は国家に従属するものと位置づけられ、個人の利益よりも国家の利益が優先された。そして総統への絶対的な服従が求められた。

ユダヤ人問題の最終的解決

ヨーロッパのユダヤ人を根絶することを意味する、ナチス独特の表現。一九四二年一月、ヴァンゼー会議において最終的解決についての正式な話し合いが行われた。この会議ではラインハルト・ハイドリヒが議長を務め、一五人のナチス高官が出席した。しかしながら、ユダヤ人の大量殺害はこの会議よりも前にすでに始まっていた。

ルフトヴァッフェ

ドイツ空軍

『我が闘争』

ヒトラーの著書。第一巻は「民族主義的世界観」。ヒトラーは、一九二三年のビヤホール一揆後に収監されていたランツベルク刑務所において、その翌年の一九二四年に第一巻を執筆した。自身の生い立ちから始まり、第一次世界大戦と一九一八年の「裏切り」によるドイツ帝国崩壊までを振り返っている。また、アーリア人を「優秀民族」、ユダヤ人を「寄生民族」とするなど独自の民族観を展開している。その他、ドイツ東方地域からスラヴ人とロシアのマルクス主義者を排除し、そこをドイツ民族の生存圏とすべきこと、フランスへ復讐を行うべきことなども述べている。第二巻「国家社会主義的運動」は、一九二四年一二月に釈放された後に執筆している。この巻では、今後いかにして権力をつかみ、その権力をいかに行使して新しいドイツ国を作り出していくべきかという、暴力的な方策をも含む政治計画の概略を述べている。

索　引

※ただし、本書ほぼ全章に出てくる「ヒトラー」「ナチス」などの言葉はのぞいた。

【著者】
マシュー・セリグマン（Dr.Matthew Seligmann）
ノーサンプトン大学歴史学研究所研究員。専門はヴィルヘルム時代ドイツの外交ならびに植民地政策の研究。著書多数。王立歴史研究会フェロー。

ジョン・ダヴィソン（Dr. John Davison）
近代戦争の専門家。英国在住。

ジョン・マクドナルド（John McDonald）
オックスフォード・ブルックス大学でナチス・ドイツ、ノーサンプトン・ユニヴァーシティカレッジでホロコーストを教える。英国在住。

【訳者】
松尾恭子（まつお・きょうこ）
1973年熊本県生まれ。フェリス女学院大学卒。訳書にアルバート・H・ゾロトコフ・カー『「幸運の人」になる技術』、ハワード・ヘイクラフト『ミステリの美学』（共訳）

写真《しゃしん》で見《み》る　ヒトラー政権下《せいけんか》の人《ひと》びとと日常《にちじょう》

●

2010年3月25日　第1刷
2011年6月6日　第2刷

著者……………マシュー・セリグマン
ジョン・ダヴィソン
ジョン・マクドナルド

訳者……………松尾恭子《まつおきょうこ》

装幀……………岡孝治

発行者……………成瀬雅人

発行所……………株式会社原書房

〒160-0002 東京都新宿区新宿 1-25-13
電話・代表 03(3354)0685
振替・00150-6-151594
http://www.harashobo.co.jp

印刷……………新灯印刷株式会社

製本……………小髙製本工業株式会社

ISBN978-4-562-04560-0, Printed in Japan